U0144071

怦然心動的

世界民族
服飾圖典

双森文
插畫

產業編輯中心 編著

何姵儀 譯

　　所謂的民族服飾，是指世界各地人們根據各自居住區域的風土以及生活方式，經過漫長歲月而逐步建立起來的服裝。

　　自古以來，人們會根據不同地區和時期的氣候以及地形，去賦予服飾功能，發展其形態。

　　民族服飾上的花紋與圖案，更是充分展現出各個國家和地區的文化特色。

　　近年來，有些地區在日常生活之中已經不太會穿著民族服飾。即便如此，遇到祭典等節慶時，他們還是會穿上傳統服飾。

　　有些地區的人們還會將傳統服飾改造成現代的風格來穿著。

　　試著詢問世人對於民族服飾的看法時，有人希望能「重視傳統，繼承古老的風格」；但也有人表示：「民族服飾是有生命的。唯有慢慢加入與現代生活習慣相符的元素才能長久保留下去。」

　　這不正代表人們對於民族服飾的理解、保留及親近的方式也進入了多樣化時代了嗎？

　　這本書以47幅插畫，介紹了日本、亞洲、歐洲、非

洲、美洲各國和地區的民族服飾。

世界上確實有著各式各樣的民族生活。

即使在同一個國家裡，只要地區和時代不同，民族服飾就會有所差異，而且變化多如繁星。

但要在有限的篇幅內涵蓋所有內容並不容易，因此本書特地將選擇的標準設為「女性」、「心動」及「可愛」這3個焦點上。

並且配合插圖，與孕育該套服裝的地理歷史背景以及服飾來解說。

這是一本賞心悅目又能從中學習知識的書籍。

明明國家與地區不同，卻發現傳統服飾的顏色、花紋或材質相似……換個立場，同樣也能享受這些文化差異所帶來的樂趣。

如果大家能以民族服飾為切入點，細細體會異文化交流，身為編輯部的我們將欣喜無比。

CONTENTS

※目次的國名皆為略稱

MAP

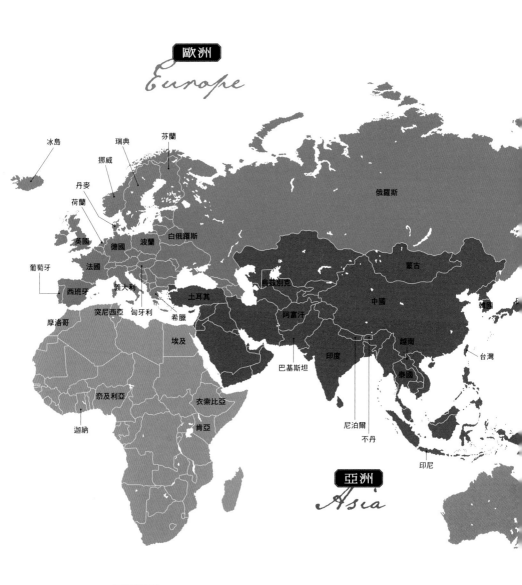

歐洲
Europe

冰島
瑞典
芬蘭
挪威
丹麥
荷蘭
俄羅斯
英國
德國
波蘭
白俄羅斯
葡萄牙
法國
烏茲別克
蒙古
西班牙
義大利
土耳其
中國
韓國
摩洛哥
突尼西亞
匈牙利
希臘
阿富汗
越南
埃及
台灣
印度
泰國
奈及利亞
巴基斯坦
衣索比亞
迦納
肯亞
尼泊爾
不丹
印尼

亞洲
Asia

非洲
Africa

美利堅合眾國

古巴

墨西哥

美洲

America

秘魯

SEPTENTRION
AMERI
QVE
SEPTENTRIO
NALE
MER
MER DE VIRGINIE
Tropique de Cancer
DV
NORT
MER DV
La Ligne Equinoctialle
ZVD

歐 洲

篇

芬蘭共和國
REPUBLIC OF FINLAND

帽子
4個角分別代表東、西、南、北。

嘎克蒂
用羊毛氈製成的連身裙。紅色邊緣上裝飾著緞帶。

馴鹿皮靴
是用馴鹿的毛皮製成的長靴。穿長靴時腳會包裹著一層乾草，腳踝以上會纏繞紅色的繩子，以防止雪水滲入。

地理背景

　　薩米族（Sámi）是生活在芬蘭、挪威和俄羅斯交界處的少數民族，人口估計約6至10萬。嚴格來說，他們的活動範圍是在斯堪地那維亞半島北部的拉普蘭（Lapland）和科拉半島（Kola Peninsula）整個靠近北極圈的地區。薩米族的語言是薩米語，不過大多數的人也會說瑞典語、芬蘭語、俄語和挪威語。過去曾經過著帶著馴鹿遷徙的遊牧生活，不過從18世紀後半開始，大多數的薩米族都開始過著定居的生活。拉普蘭以飼養馴鹿為主要產業，有85％的人口是薩米族。相對於多達21萬頭的馴鹿，約有7,000名薩米族從事著管理鹿群的畜牧業。

歷史背景

　　8世紀到11世紀這段期間，瑞典、挪威和丹麥紛紛立國，但薩米族卻繼續過著遊牧生活，並未建立國家。到了13世紀，他們被稱為拉普族（Lapp），意指居住在拉普蘭地區的民族。薩米族崇精靈信仰（靈魂信仰），認為大自然的災害以及恩惠都是靈魂的力量所致，因此薩滿通常擁有強大的影響力。但到了16世紀，薩米族與俄羅斯和瑞典帝國（Baltic Empire）之間戰火不斷，同時也開始深受歐洲的影響。在北歐諸國相繼改宗為新教的路德教派的情況之下，他們傳統的薩滿文化也受到衝擊，逐漸式微。

服裝特徵

　　帽子、嘎克蒂（Gákti）、腰帶、棉質緊身褲和馴鹿皮靴（Nutukkaat），是基本組合。藍底服裝配上紅色滾邊與披肩上的流蘇更是特色十足。薩米族的穿著之所以如此鮮豔，據說是為了在皚皚白雪中引人注意。有些人甚至還繼續遵守著在家也要戴著毛線帽的習俗。雖然傳統服飾嘎克蒂曾因穿著的人減少而一度式微，但近年來隨著年輕人民族意識的抬頭，將其作為日常服裝的風潮也逐漸興起。

特色是綁成三角形的頭巾
跟用棉花與羊毛織成的圍裙

瑞典王國
KINGDOM OF SWEDEN

史考特帽
隨興地將頭巾折
成三角形，再用
髮夾固定在頭髮
上的帽子。

背心
顏色特地搭配裙子的
藍色背心。上頭繡了
白色花朵。

拉斯克麥德圍裙
經紗使用棉、緯紗用羊
毛撚織而成的圍裙。會
根據節慶等級，分別穿
上紅、藍、綠、黃等4
種顏色。

裙子
長及腳踝的藍色裙
子。不少地區穿的
是黑色裙子。

　　斯堪地那維亞半島的東半部領土為瑞典所有，與挪威接壤，波羅的海之對岸為芬蘭，是一個擁有許多河川、湖泊、沼澤和森林，自然資源相當豐富的國家。因此自中世以來，大多數的國民皆從事農業。據說戰爭時期農民會拿起武器，直接組成軍隊上戰場。16世紀將斯德哥爾摩定為首都，並將其塑造成現代瑞典形象的古斯塔夫‧瓦薩（Gustav Vasa）國王，在戰役中因看到統一制服的敵軍軍隊與本國身穿農民服的軍隊之間差異甚大而感到震驚。17世紀中葉，軍服正式完成。在其影響之下，各地農民的服裝也出現了變化，光是目前發現的種類就已經超過400種。

歷 史 背 景

　　17世紀在歐洲的影響之下，國王改信新教，國民亦被要求參加禮拜。每逢節慶，所有人必須穿著規定的服裝上教堂，因此平常星期日做禮拜以及5個等級的節慶都有不同的服飾規範。除了拉斯克麥德圍裙（Leksandsdräkten）的顏色，頭巾上的絲帶顏色、是成品還是手工品等區分都相當重要，如此保守的觀念一直持續到19世紀中期。就連換季的標準也是根據節慶而非氣候來決定，例如五月的基督升天節（Ascension Day）就被定為是夏季的開始，當天女性被規定上教堂不可穿外套；若是天冷，可在襯衫裡加件夾克，以免違反規定。

服 裝 特 徵

　　戴上史考特帽（Skaut），穿上白襯衫、背心和裙子之後，外面會再套上一件拉斯克麥德圍裙，並穿上白色長襪和黑色鞋子。插圖中的服裝是1900年初為了支持民族服飾統一而設計的，並於1983年正式成為瑞典的民族服飾。顏色的組合採自國旗的顏色，每逢6月6日的國慶日，王室女性成員都會穿上這套服裝公開亮相。

挪威王國

KINGDOM OF NORWAY

襯衫

以白色亞麻或棉料
為材質。圍裙和圍
巾上皆有哈丹格爾
（Hardanger）刺
繡技巧的圖案。

斐多拉帽

成人女性專用的頭
飾。內部放了一塊
美耐膠合板，上面
覆蓋著一條白色的
頭巾。

背心裙

會在領口繡有花樣的
緊身上衣上加個胸飾
（Brystduk）。黑色
羊毛製成之百褶裙裙
邊的顏色會因地區不
同而有所差異。

挪威位於斯堪地那維亞半島的西側，北部和西部遍布著 1,500 多個峽灣。歐洲最長和最深的松恩峽灣（Sognefjorden）長達 204 公里，水深 1,308 公尺。地形上連綿不斷的峽灣侷限了往來的交通方式，因此受到其他地區的影響較小，得以保留許多傳統生活方式和文化。傳統服飾的巴納德（Bunad，或稱「布納德」）設計因地而異，據說在挪威境內約有 200 種不同的樣式，而峽灣地區則是保留巴納德樣式最多的地區，可以從裙子的顏色和背心的設計來辨識出身地。

此處原本是古代斯堪地那維亞人及北歐人居住的地區，但在 8 世紀至 11 世紀期間卻遭到維京人的侵襲。西元 988 年，維京人在愛爾蘭建立了都柏林，勢力逐漸擴大，並且在政治上持續統治該地，直到 15 世紀。雖然維京人帶來了歐洲文化並且廣傳基督教，但在日照時間較短的斯堪地那維亞半島上其他國家的太陽信仰依舊深厚。夏至時期是白晝不夜的白夜，孩子們會打扮成新娘和新郎，以模擬婚禮的方式來慶祝村莊繁榮與豐饒。不過這個祭典上穿著的傳統服飾巴納德卻要到 19 世紀末期才成為人人皆知的國民服飾。當時挪威女作家胡妲（Karen Hulda Garborg）為了讓更多人認識農民文化價值，因而將巴納德納入活動的其中一環並致力推廣。在她去世之後，各地仍持續製作這款獨特的傳統服飾，而在這之前沒有巴納德的瑞典首都奧斯陸（Oslo），也在 1947 年設計出正式的款式。

頭飾因年齡而異，孩童佩戴的是髮帶，未婚成年女性則是戴著象徵純潔的白色帽子斐多拉帽（Fedla），新娘的話會戴著用於祭典專用的寬邊紅帽。襯衫以白線刺繡與黑色縫線來點綴，領圍、開領部分及袖口皆有裝飾。

丹麥王國
KINGDOM OF DENMARK

背心裙
背心與裙子一體成型的無袖連身裙。經常使用鏤空工法製成。

頭巾
以棉製成的白色帽子最為常見。邊緣有刺繡。

圍裙
各個地區皆有其特色，但以單色系的簡約格紋圍裙居多。

　　丹麥是由日德蘭半島（Jutland Peninsula）及其周邊共406個大小島嶼（其中只有75個島嶼有人固定居住）所組成的本土、自治領的法羅群島（Føroyar）和格陵蘭所構成。北方隔著海洋與斯堪地那維亞半島諸國相望，南方與德國接壤。平坦的國土中有一半是農業用地，本土的人口密度約為日本的3分之1。哥本哈根與鄰近的瑞典近在咫尺，以厄勒海峽大橋（Øresundsbroen，或稱松德海峽大橋）相連，因此深受北歐以及西歐文化影響。丹麥的本土分為3個主要區域：哥本哈根所在的西蘭島（Sjælland）、菲因島（Fyn）和日德蘭半島。

歷史背景

　　1016年丹人（Dane）建立了北海帝國，統治了現在的英格蘭、丹麥、挪威和瑞典南部，形成一個龐大的帝國。然而到了11世紀中葉，整個帝國隨著維京人的衰弱逐漸失去勢力，隨後在與周邊國家爭奪領土時又敗北，失去了絕大部分的國土。在2次的世界大戰中雖然保持中立，但在1940年卻被納粹德國（Nazi Germany）占領。因進行反戰運動，故常被描繪為與同盟國同一陣線。以第二次世界大戰的結束為契機而獨立，但在迅速現代化的過程當中，除了少數地區，原則上傳統的民族服飾大部分都已漸漸消失。

服裝特徵

　　在歷史和地理背景相互交融的情況之下，發展出受多種文化影響的民族服飾，而且各個地區皆有其特色。

冰島共和國

ICELAND

帽子

「冰島鉤形帽」是沒有帽簷的三角帽。而外型像日本古時的黑色禮帽（烏帽子），形狀稍微彎曲並向上延伸的則是稱為「冰島鏟形帽」。

夾克

以黑色為主的短夾克。

裙子

由色澤天然的綠色、鮮豔的紅色及黑色構成的裙子。

地理背景

是因火山爆發而形成的島嶼，至今仍有活火山，像艾亞法拉冰川的火山（Eyjafjallajokull）就曾經在 2010 年爆發。冰島位於北緯 60 至 70 度的極光帶，非常容易觀測到極光。只要冬季一到，冰島的全國境內都可欣賞到極光。自然環境惡劣，無法種植蔬菜，故以飼養羊隻為主。羊肉不僅是食物來源，生產的冰島羊毛還能用來製作民族服飾。

歷史背景

在維京人定居之前，據說就已經有少數來自愛爾蘭的修道士居住於此。到了 8 世紀，因為諾曼人（維京人）的入侵，部分居民遷移到格陵蘭和北美大陸。之後的數百年間又相繼處於挪威及丹麥的統治之下，冰島可說是飽受北歐各國搶奪。在第二次世界大戰期間，由約翰·西格松（Jón Sigurðsson）所領導的獨立運動展開，並於 1944 年獲得獨立，成為今日的冰島共和國。

服裝特徵

冰島的民族服飾大致分為 5 種類型。19 世紀開始製作的有「冰島民族裙（Kyrtill）」和「冰島頭巾裙（Skautbúningur）」。而自 17 世紀以來歷史較為悠久的民族服飾則有「冰島刺繡裙（Faldbúningur）」、「冰島羊毛裙（Peysuföt）」和「冰島背心裙（Upphlutur）」。

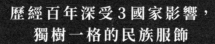

波蘭共和國
REPUBLIC OF POLAND

緞帶頭飾
以薄紗刺繡裝飾
的頭飾。

緊身胸衣
及腰背心。會根據天
候改穿「長袖胸衣」
或「連身胸衣」。

襯衫
白色襯衫。袖子、肩膀和
領子上皆有蕾絲裝飾。

圍裙
有褶皺設計的圍
裙。長度及膝，
條紋色彩鮮豔。

裙子
黑色底布上飾有條紋
和串珠刺繡的裙子。
以到小腿或腳踝的長
版款居多。

　　波蘭「Polska」這個國名源自「pole」，意指平原。該地地形誠如其名，平地多，擁有廣大的牧場和農田，黑麥產量在世界上更是名列前茅。有森林、有湖泊，加上氣候溫暖，是天然資源相當豐富的土地。至今仍保留傳統民族服飾的地區，只使用在本國栽種而且色調天然的麻、棉花與羊毛等手織布，以及皮革和毛皮來製作。國界以自然地勢劃分，南邊有山脈、西邊有河川。波蘭的國土在歷史上曾多次遭到分割，因而形成今日的49個行政區，境內包含了西北部的波美拉尼亞、東北部的馬祖里、中東部的馬佐維亞、中西部的西利西亞和大波蘭，以及南部的小波蘭。

歷 史 背 景

　　除了北邊的波羅的海，波蘭其他3面皆被7個國家所圍繞，歷史上多次捲入鄰國的領土紛爭之中，導致國土遭到瓜分。在受到諸國影響的同時，各地的民族意識亦隨之高漲，並將特徵強烈地顯現在民族服飾上。雖然曾在10世紀成立波蘭公國，卻因多次的分裂與繁榮，最終在1795年被俄羅斯、普魯士和奧地利3個國家瓜分消滅。在世界地圖上消失了123年之後，波蘭於1918年第一次世界大戰結束時重新獨立為波蘭共和國。另一方面，在文化上由於波蘭出身的作曲家發表了民間舞蹈，使得波蘭舞蹈風靡整個歐洲大陸，民族服飾也隨之在各地流傳。這段期間，各地的傳統服飾也在鄰國的影響之下變得更加獨特洗鍊。

服 裝 特 徵

　　各個地區的民族服飾風格之所以如此獨特，全因受到好幾個國家的影響。例如在俄羅斯文化的影響之下，華麗的刺繡和色彩得到了發展；而在喜愛樸素服裝的德國影響之下，風格也轉變得更為沉穩。另外，因奧地利國王喜愛戲劇活動和穿著民族服飾，深受其影響下也讓波蘭的傳統服裝得以傳承。

德意志聯邦共和國

德國南部山區的典型農作服，
緊腰闊擺裙

FEDERAL REPUBLIC OF GERMANY

緊身胸衣

前開襟的天鵝絨背
心。扣件設計相當
豐富，有繩子、鈕
扣及鉤子。

襯衣

也可視為內衣裙，以泡泡袖
（公主袖）為特徵。
衣領設計方面，採用短立領
的為傳統風格，但隨著時代
的變遷，深襟開口的樣式也
逐漸受到喜愛。

圍裙

過去曾經用圍裙
打結的位置來表
示女性的婚姻狀
態，例如未婚、
已婚或喪偶等。

裙子

裙子長度因年代不
同而有所改變，從
及膝到長裙都有。
多為素色或格紋等
簡約花紋。

19世紀，緊腰闊擺裙（Dirndl）作為農民日常服裝蔚為流行時，德國分為北方的普魯士和南方的德意志聯邦。這套傳統服裝來自南德‧巴伐利亞地區，過去在同屬德意志聯邦的奧地利‧蒂羅爾（Tirol）地區及列支敦斯登公國也有形式相似的民族服飾。

歷 史 背 景

緊腰闊擺裙是19世紀左右生活在德國南部山區的農民所穿的工作服。1870年代，來到避暑勝地巴伐利亞地區度假的貴族開始流行採用蒂羅爾風格設計的圖案。到了1890年代，緊腰闊擺裙作為夏日洋裝開始蔚為盛行。因為變成貴族的日常穿著，故色彩及花紋也變得相當豐富，進而發展出具有各地特色的設計風格。在第二次世界大戰期間，納粹黨為營造統一的民族形象，刻意將這種設計塑造成代表整個德國的民族服飾，並將其元素融入部分黨員制服之中。90年代以後這股熱潮再次興起，自1810年開始舉辦的慕尼黑啤酒節（Oktoberfest）上，每次都會出現身著民族服飾從各地聚集於此的人，大家在啤酒館裡飲酒高歌，氣氛相當熱烈。自此之後無論男女老少，只要遇到婚禮或祭典，都會穿上民族服飾，大肆慶祝。

服 裝 特 徵

節慶期間，人們通常會配戴鑲有珠繡、織帶和鈕扣等裝飾的華麗胸衣。19世紀時的女性將裙子當作工作服穿著時，為了除草及活動方便，裙長往往會縮短至膝蓋；而當作夏日洋裝穿著時，通常會選擇長裙，並且根據用途改變造型。之後在納粹黨時代，裙長被改至膝上。以現代來說，家族傳承的是傳統的過膝款；啤酒女郎的制服以膝上較為常見；至於婚禮時，則是使用長裙款，緊腰闊擺裙不管是裙長還是款式，都變得相當多樣化。

荷蘭王國

KINGDOM OF THE NETHERLANDS

荷蘭蕾絲帽

圓錐形的黑色帽子
上，會再加一頂耳
邊兩側有羽翼狀突
出部分的蕾絲帽。

項鍊

紅珊瑚項鍊。會在
扣環裡放入父母或
祖先的照片。

裙子

長及腳踝的黑色
襯裙外會再罩上
一條白色棉質的
直條紋裙。

襯衫・圍裙

上衣是一件上頭附有
方形刺繡胸飾的黑色
襯衫。肩上掛著帶有
流蘇的皮帶。裙外會
加上一條刺繡圖案相
同的黑色圍裙。

木鞋

將柳木挖空製成
的鞋子，有原木
色及彩繪款式，
以翹起的鞋尖造
型為特色。

　　因約有4分之1的國土低於海平面，故以「Nederland」為名，意思就是「低地之國」。萊茵河、馬斯河和斯赫爾德河形成的三角洲面積廣闊，其中絕大部分是海埔新生地。為了避免洪水氾濫而建造的水道、風車和鬱金香花田都是荷蘭的象徵。上游地區是田園地帶，牧畜和農業亦相當興盛。由於濕地多，因而讓木鞋（Klompen）成為傳統工藝品，與布料和皮革相比，木鞋較不容易滲水，而且吸水後會膨脹，可防止腳部寒冷，因此備受重視。

歷 史 背 景

　　這片土地曾經是法蘭克王國與神聖羅馬帝國等西歐強國的領土。不過到了1602年，荷蘭繼英國之後成立東印度公司，並在海運及貿易業中打下一片天，發展繁榮興盛無比。從印度進口的許多布製品，皆可在荷蘭北部的民族服飾中看到。在北部，人們會戴著和盤子一樣平坦的荷蘭蕾絲帽（Hul），並在黑色短袖襯衫外加件由印度印花布製成的背心。此外，至今仍受遊客歡迎的傳統工藝品——辛德洛彭彩繪（Hindeloopen painting）木鞋亦在此時誕生。由於河川阻礙了交通，讓各地得以發展出獨特的文化與服飾。即使受到外來統治，仍能得以保留地方特色。1648年，為了對抗西班牙的統治，這些小國攜手組成聯盟，成為荷蘭的雛形；1815年，荷蘭從法國獨立，建立了荷蘭王國；1830年比利時從荷蘭脫離，形成今日的荷蘭。

服 裝 特 徵

　　擁有白色蕾絲帽飾的荷蘭蕾絲帽（形狀因地而異）及底部為黑色的帽子。在馬肯島（Marken）等北部地區會將頭髮放下來，有的地方則是會把頭髮盤起來藏在帽子裡。而插圖展示的則是沃倫丹（Volendam）地區從17世紀流傳至今的民族服飾。

法蘭西共和國
FRENCH REPUBLIC

黑頭飾
上頭有大蝴蝶結的黑色帽子。

襯衫
亞麻布料製成的襯衫。領口和袖口的蕾絲相當華麗。

束腹
或稱緊身褡，腰部用繩子繫緊的短馬甲，通常會穿著在襯衫外面。冬天寒冷時會在裡面加上毛皮。

裙子
裡頭會穿件襯裙。是一條附有刺繡花邊的紅色羊毛裙。

圍裙
套在裙子上的黑色圍裙。和束腹及裙子一樣，會以法式刺繡繡出立體的花卉圖案。

西歐國家的國土大部分是平原，而且氣候溫暖。其中水源豐富的法國是一農業大國。長久以來，以生產葡萄酒所需的葡萄及小麥等農產品維生。無論是多麼有特色的服裝、不管來自哪個地區，都一定會配有圍裙，因為這是從農作服發展成民族服飾的遺蹤。雖然身為時尚中心的首都巴黎給人現代化的印象，但在布列塔尼和阿爾薩斯等地，至今仍能在節慶時看見人們穿上民族服飾，盛裝打扮。

歷史背景

法國在古代羅馬時代稱為卡里亞（Caria）地區，而且繁榮一時，但在西元前1世紀左右卻被凱撒所征服。到了6世紀，才由法蘭克人建立了王朝。今日法國國名源於6世紀的「法蘭克王國（Francia）」，意指「法蘭克人的土地」。直到近代，各地方依舊採用設立公國並賦予領主權力的方式來治理國家，是近代國家中最晚實行中央集權的國家之一。因此，地方城市容易受到鄰國的影響，同時也強烈地反映在民族服飾的色彩上。在經歷數次國內革命之後，1880年第三共和國終於成立，政治上也因此獲得穩定。

服裝特徵

從法國大革命以前到現在，服裝的款式和元素一直沒有改變。15世紀以後由於貴族的奢靡生活，導致財富出現兩極化。當領主住在宮廷時，鄉村的家庭就只能用亞麻之類的粗布，讓這個時期的民族服飾一度衰退。但在19世紀的革命期間，民族團結的氣運高漲，因而產生今日獨具特色的服裝。直到20世紀初期成衣普及之前，穿著民族服飾生活一直是主流。

西班牙王國
KINGDOM OF SPAIN

花飾

用來裝飾頭髮的花
飾品。搭配洋裝的
顏色之後顯得更加
優雅。

佛朗明哥舞裙

緊貼身形直至臀線的長擺
裙。以寬鬆的下擺、膝蓋
以下的多層荷葉邊和蕾絲
裝飾為特色。

地理背景

　　西班牙占據約八成的伊比利亞半島，由17個自治區組成。庇里牛斯山脈、坎塔布里亞山脈和莫雷納山脈皆呈東西走向，因此除了流入地中海的厄波羅河（Ebro River）之外，所有河川均從山脈向西匯入大西洋，而半島中央的梅塞塔高原（Meseta Central）更是占了國土的一半。這些多樣化地形在西班牙國內形成了不同的文化圈。知名的有北部的加利西亞、中部的卡斯蒂利亞、東部的加泰隆尼亞、南部的安達盧西亞。

歷史背景

　　至今仍保有動物壁畫的阿爾塔米拉洞穴的考古挖掘發現，克洛曼儂人在約西元前1萬4千年曾生活於此。據說此地在舊石器時代就曾經出現過獨特的巨石文化。自西元前2世紀起，這片土地先後經歷迦太基、羅馬帝國、西哥德王國等國管轄，並在隨後的7個世紀處於伊斯蘭的統治。1492年，隨著伊斯帕尼亞王國發起的收復失地運動（Reconquista）而獨立。西班牙國王菲利普二世在大航海時代展開了殖民活動，並於16世紀達到鼎盛時期。近代化後，追求民主主義的人民陣線與軍方爆發內戰；1975年君主制復辟，形成現在的國家型態。至於以佛朗明哥舞裙聞名的安達盧西亞，則是在1982年實施自治區法。

服裝特徵

　　據說在15世紀從印度經由埃及傳到歐洲的羅姆文化對西班牙南部產生了重大影響。安達盧西亞的佛朗明哥舞起源於羅姆人的舞蹈。即使至今日，在塞維利亞的春季祭典中，仍可在城鎮中看到人們跳著佛朗明哥舞的景象。至於佛朗明哥舞裙上的圓點圖案，象徵意義眾說紛紜，有人認為是「代表流浪的羅姆人信仰的月神滿月」，也有人認為是「象徵迫害歷史中的淚水」，但確切原因似乎尚未釐清。

葡萄牙共和國
PORTUGUESE REPUBLIC

頭巾
有流蘇的頭巾。

背心
和圍裙一樣，上頭
有華麗的刺繡。

圍裙
採用毛圈手法織成的
圍裙。腰部的褶皺有
時會點綴著串珠。上
頭的花卉及花瓶圖案
頗有立體感。

裙子
厚羊毛料製成的裙子。
以有刺繡的黑色平布與
紅色織物拼接而成。

地 理 背 景

　　葡萄牙位於伊比利亞半島西端，四周被大西洋環繞，東部與西班牙接壤，與對岸的摩洛哥近在咫尺，可以直接搭乘渡輪往返。西元711年被穿越直布羅陀海峽的伊斯蘭教摩爾人所占領。歷經數個世紀之後，基督徒發起收復失地運動，因而在12世紀獨立，並成立葡萄牙王國。到了13世紀，以里斯本為中心，商業和學術蓬勃發展。氣候方面，以橫跨里斯本的東西向河流為中心分為兩大部分。北部地勢起伏大而且綠意盎然，南部則為平坦低地而且乾燥。北部適合畜牧業，因此皮革工匠較多，而其所擁有的技術在國際上更是備受讚譽。

歷 史 背 景

　　15世紀，巴托羅繆・迪亞士（Bartolomeu Dias）奉亨利王子之命，到達非洲大陸最南端的好望角。身為大航海時代先驅者的葡萄牙不僅積極持續遠征，還與鎖國時代的日本進行貿易。雖曾進入印度、中國和南美洲，並從殖民地獲得巨額利益，但絕大多數都被貴族及神職人員壟斷，農民的生活依舊貧困。不過這也讓農村地區的傳統生活得以保留，讓民族服飾成為生活中的一部分，傳承於世。葡萄牙人的聖母信仰非常強烈，並將聖母瑪利亞被召天的日子，也就是「聖母升天節」（Festa da Senhora d'Agonia。別名「嘆息的聖母巡禮祭」）訂為節日。這天全國各地會舉行羅馬利亞祭，人們也會穿著民族服飾，共襄盛舉。

服 裝 特 徵

　　米尼奧（Minho）省的中心城市維亞納堡（Viana do Castelo）有一個利用刺繡傳達訊息的習俗。這個習俗起源於17世紀，女性會將上頭有刺繡的手帕贈送給心儀的男性。據說手帕繡的是對戀人的思念詩句，只要男性將這條手帕佩戴在身上，就代表兩人成立婚約。如今這種刺繡手帕已經成為一種特產品，上面通常繡有花朵、鑰匙、愛心、鴿子、麥穗、蝸牛等圖案，而且還附帶訊息。

義大利共和國
ITALIAN REPUBLIC

襯衫

以亞麻為材質的襯衫。胸口有蕾絲及刺繡點綴裝飾。

面紗

每逢祭典或婚喪喜慶等正式場所就會戴上白色面紗。

裙子

皺褶細膩的裙擺展開後會形成一個大圓形。布料材質因地區而異，有奧爾巴切（Orbace，一種厚羊毛織物）、羊毛或印花棉布。

撒丁島傳統鞋

栗紅色或黑色的鞋子。鞋跟通常會比較低。

地理背景

位於地中海、形狀像靴子的半島。周圍有薩丁尼亞島和西西里島。薩丁尼亞島是義大利的自治區，位於義大利和非洲的正中央。雖屬地中海型的溫暖氣候，但春秋兩季有來自大西洋的暖風，冬季有來自北方的密史脫拉風（Mistral）吹襲。此外，夏季的非洲大陸還會帶來沙塵及高濕度的熱風，有時氣溫甚至會超過40℃。島上大部分是高原地帶，據說保留了古老牧羊人的生活方式，以及多達3,000種的民族服飾。

歷史背景

傳聞薩丁尼亞人的祖先是在中亞建立美索不達米亞文明的蘇美人，勢力曾經擴大到阿拉伯文明，並且橫跨埃及和地中海來到薩丁尼亞島。儘管隨後遭受到為了爭奪地中海霸權的諸多帝國侵略，不過薩丁尼亞人仍能逃到為數不多的山區地帶，成功地保護了自己的獨特文化。從1300年左右開始，當時統治西班牙的加泰隆尼亞對薩丁尼亞島進行了長達400年的支配。1720年，薩丁尼亞島獨立，建立了薩丁尼亞王國。1861年為義大利所統一，成為其中一個自治州。

服裝特徵

基本款式是面紗、襯衫、背心、緊身胸衣、裙子、圍裙，以及撒丁島傳統鞋（Is crapitas）。頭飾樣式因出身的村莊而異，種類和面紗的款式也相當豐富。背心、緊身胸衣、裙子和圍裙並沒有特定的布料規定，長度及裝飾也因村莊而異。受克里特島影響較大的地區襯衫領口通常會開得比較低。在薩丁尼亞島，由於17世紀耶穌會的崛起，女性襯衫的穿著方式受到規範。不過在這之前，女性的胸部是豐收、對太陽的敬畏，以及子孫繁衍等重要的宗教象徵。

英 國

（大不列顛及北愛爾蘭聯合王國）

UNITED KINGDOM OF GREAT BRITAIN AND NORTHERN IRELAND

襯衫

帶有澎澎袖的純白襯衫。

背心

收緊腰身的天鵝絨背心。顏色通常會搭配黑色、藏青色及紅色的蘇格蘭裙。

蘇格蘭裙

以格子呢（格紋）為圖案的裙子。格紋的顏色及組合象徵著所屬的地區或出身，而且每一種當作設計來使用的格紋都有特定的意義。

蘇格蘭北部的高地是一個與蓋爾語及凱爾特音樂息息相關的文化圈，與愛爾蘭文化十分相近。民族服飾的蘇格蘭裙（Kilt）與現在人們印象中的模樣不同，原本的樣子非常長，需要在身上纏繞1至2圈之後，再將多餘的部分披在肩上。這樣一來，高地的牧羊人在離家遙遠的地方過夜時，就可以讓身體整個裹在蘇格蘭裙裡取暖入睡。現代人穿著蘇格蘭裙時，女性可以在腰帶這個位置調整裙子的長短，可以是長裙，也可以是短裙。腰部以上的布料可以像牧羊人那樣披在肩上，或者當作斗蓬，從頭上披下來。

歷 史 背 景

蘇格蘭高地的蘇格蘭裙起源於17世紀。早期的蘇格蘭裙是長長的毛織物；格子呢的顏色，是以當地可獲得材料所製成的染料。當時的習俗，是從當地製作的蘇格蘭裙中選擇喜歡的來穿。到了18世紀，英國開始統治蘇格蘭。那時的蘇格蘭人不僅禁止持有武器，也不能穿著蘇格蘭裙。因軍隊分發了黑色格子呢制服，故軍用的格子呢又稱為「黑色兵團（Black Watch）」。第一次世界大戰期間，隨著蘇格蘭聯隊的成立，軍官和貴族開始穿著設計豪華的蘇格蘭裙，並逐漸變成氏族的象徵。據說蘇格蘭裙和風笛的組合，在這次世界大戰期間給人留下了深刻的印象。

服 裝 特 徵

插圖中的蘇格蘭裙偏短。據說跳高地舞的舞者有時也會穿著雪紡裙（Chiffon petticoat）或帶皺摺裙子。除了王室使用的皇家格子呢，還有花紋因地而異的地區格紋呢。

匈牙利
HUNGARY

髮箍

使用緞帶製作的頭飾。已婚女性會戴上有卡羅洽刺繡的頭帶。

襯衫

上頭有卡羅洽刺繡（襯衫上的小背心也會繡滿刺繡）。

圍裙

以卡羅洽刺繡裝飾的圍裙。有些地方是嵌有蕾絲的鏤空花紋。

裙子

細摺的裙子。下擺周圍有時會縫上有卡羅洽刺繡的緞帶。

地理背景

匈牙利位於歐洲內陸，與7個國家相鄰，自古以來就是東西貿易的中心地。曾為農業國的匈牙利在18至19世紀的工業革命時期因致力出口刺繡產品，因此服裝技術相當洗鍊，各個生產地皆開始製作刺繡風格獨特的服裝。布達佩斯南部的卡羅洽（Kalocsa）以刺繡聞名，東部的馬秋（Matyó）亦以馬秋刺繡著稱。而切爾哈特山脈（Cserhát Mountains）的村莊更是發展出使用獨特色彩及技法製成的匈牙利服飾。布達佩斯周邊在16世紀曾受鄂圖曼帝國統治，故常見描繪鬱金香和玫瑰圖案的藝術作品。（鬱金香被視為是奢華和美麗的象徵；而玫瑰不僅象徵愛情，也代表女性的美德和純潔。）即使圖案相同，這些地區反而會利用絲線的顏色來表現地區差異。

歷史背景

匈牙利在古羅馬時代稱為潘諾尼亞省，是一個由潘諾尼亞人建立的城市。4世紀因有東方民族的遷入，使得這個地區被亞洲民族的馬扎爾人所占據，因此現在的匈牙利人主要族群通常會被認為是馬札爾人的後裔。另外有趣的是，在位於匈牙利境內西側的羅馬尼亞·外西凡尼亞地區（Transylvania）也可看到和花卉百褶裙相似的民族服飾，反映出兩地在文化上的深厚淵源。

服裝特徵

卡羅洽刺繡（Kalocsa embroidery）在19世紀初期原本是在白色布料配上白色刺繡，圖案相當單純。之後隨著工業革命的浪潮，在進入20世紀之後發展出和現代一樣色彩繽紛、充滿立體感的刺繡，並且融入了蕾絲風格的鏤空工藝。匈牙利人在縫合皮革時，有時會使用彩色的絲線。而這些技術結合起來，就是讓花卉和葉子宛如浮雕顯現的卡羅洽刺繡。

捷克共和國

Czech Republic

裝飾衣領

上頭有精緻的花卉刺繡。
經常運用的技法包括先在
布料上打孔再繡邊的穿孔
技法，以及先在底布上用
細密的釦眼繡繡出圖案的
輪廓線，接著再將圖案內
側的底布剪掉，以營造鏤
空圖案或浮雕效果的鏤空
工法。

頭飾

覆蓋整個頭部的頭
罩型頭飾。上頭裝
飾著立體小花。

泡泡袖襯衫

由棉布製成，大多
採用直線裁剪，再
利用褶皺、塔克（或
稱褶襉，即有規則
的裝飾褶子）和緞帶
結等技巧來創造立
體感。插圖是手風
琴百褶風格。

裙子

大多採用裹身（wrap）式
設計。服裝上有花卉圖案
的刺繡，裝飾腰部的寬緞
帶也以花卉圖案為主流。

捷克位於中歐，緊鄰德國、奧地利、斯洛伐克和波蘭，深受這些國家文化的影響。

地理上大致可以分為西部的波希米亞、東部的摩拉維亞（Moravia）以及東北部的西里西亞（Silesia）這3個地區。

歷 史 背 景

14世紀，當波希米亞國王即位成為神聖羅馬帝國的皇帝時，位於波希米亞地區的布拉格不僅晉升為帝國首都，還升格成為歐洲文化中心而繁榮興盛，讓捷克進入了黃金時代。但從15世紀一直到20世紀初，捷克卻因落入奧地利哈布斯堡家族的統治而陷入黑暗時代。

流傳至今而且色彩鮮豔的捷克民族服飾，是農民在長期的逆境中為了努力尋找樂趣，並且將民族意識深植於心的過程中所確立的，據說完成於19世紀。

及至今日，我們依舊可見男女身穿民族服飾在祭典及傳統活動中參加遊行。

服 裝 特 徵

在設計和風格上各地皆有特色的捷克傳統服飾中，本書介紹的是以保守風格聞名的摩拉維亞民族服飾。

摩拉維亞的地理位置遠離西部的布拉格，因此越往東走，這種名為「克羅伊（Kroj）」的民族服飾樣式就越不容易受到城市時尚的影響，進而在農民之間發展出搭配精緻手工刺繡及裝飾品的傳統服飾。

女性的基本穿著包括內衣、襯裙、白襯衫、背心、靴子或搭扣鞋。此外還會搭配裝飾衣領、垂掛在胸前的刺繡絲帶、圍裙、面紗、帽子、頭巾或圍巾等各種配飾。

可愛的豔紅色彩更是令人印象深刻。

羅馬尼亞
ROMANIA

襯衣

領口有鑲邊，從肩
膀到袖口都飾有刺
繡的襯衫。

圍裙式裙子

帶有豐富圖案的襯
衣會搭配緊身的長
款包臀裙樣式，成
套穿著。

　　羅馬尼亞位於歐洲東南部，東臨黑海，周圍被5個東歐國家包圍。國土西側是外西凡尼亞盆地，摩爾達維亞山脈東側則是摩爾達維亞平原和瓦拉幾亞平原。整個國家夏季炎熱，冬季嚴寒。東西氣候差異顯著，地方色彩鮮明，因此民族服飾也深受影響，例如裙子在北部是貼身的裹身裙，在東北部是短版的百褶裹身裙，在西部則是搭配雙層圍裙的褶皺裙。雖然都市地區現代化進展迅速，不過鄉村依舊保留了傳統的生活方式，民族服飾亦然。

歷 史 背 景

　　羅馬尼亞的文化可追溯至西元7世紀，當時希臘人在黑海沿岸建立了貿易據點並加以發展。8世紀時，住在喀爾巴阡山脈的達契亞人開始在這一帶生活，但因受到羅馬的統治，故逐漸被拉丁化，據說這就是羅馬尼亞人的祖先。14世紀，這群人建立了摩爾達維亞公國和瓦拉幾亞公國，但到了15世紀卻落入鄂圖曼帝國的統治下。在俄羅斯的內政干預之下，2個公國得以統一，並與外西凡尼亞地區合併成當今的羅馬尼亞。1991年12月，新憲法通過，讓羅馬尼亞成為一個基於資本主義經濟、擁有「言論」、「宗教」及「財產自由」的共和國。

服 裝 特 徵

　　襯衣、圍裙、裙子和腰帶是民族服飾「伊耶（Ie）」的基本組合。襯衣的寬鬆袖口、胸部及手臂部分都有精緻的紅或藍色刺繡，不過樣式因地而異，例如西部地區只用紅線在襯衣及裙子上刺繡；而外西凡尼亞地區則是會沿著袖山繡上圖案，並在褶皺收攏的袖口上裝飾蕾絲；至於北部地區則是會在整個抵肩（Yoke。即連接襯衫前片與後片的肩膀裁片）上繡滿圖案。

希臘共和國

HELLENIC REPUBLIC

克里特頭巾
戴在頭上的頭飾。

寬鬆上衣
以袖口寬大為特徵的棉
質襯衫。

克里特圍裙
棉布圍裙上繡有
克里特島特有的
各種花紋。

裙子
有打摺的裙子。通常
會用綁帶固定。

希臘位於伯羅奔尼撒半島和巴爾幹半島的南端，國土包括克里特島及其他地中海的島嶼，而且這些島嶼占了其國土3分之1的面積。克里特島是歐洲最古老的文明——邁諾斯文明（Minoan civilization）的發祥地，在西元前3000年至西元前1400年左右相當繁盛。該島是愛琴海最大的島嶼，在克利多納祭（Cridona Festival）這一天，人們會進行預測女性幸福的陶罐占卜，而且全鎮的居民還會穿著民族服飾跳舞，歡樂的景象令人印象深刻。女性會穿著民族服飾，肩背占卜壺。除了克里特島之外，其他島嶼也發展出以細膩的花卉刺繡和珠飾為特色、風格獨具的民族服飾。

歷 史 背 景

地中海沿岸地區自古以來在希臘文明、羅馬帝國和拜占庭帝國的統治下繁榮發展，但是到了15世紀之後卻落入鄂圖曼帝國的統治。不過隨著鄂圖曼帝國的衰落以及希臘人民族意識的高漲，希臘終於得以在1829年獨立。這個國家自古以來就是東西方文化的中繼站，融入了許多巴爾幹諸國以及土耳其服飾的元素。例如寬鬆上衣（Poukamiso）和寬鬆褲（Foustanella，與襯衫相同布料）就深受土耳其民族服飾的影響；裙子與克羅埃西亞、斯洛維尼亞等舊南斯拉夫地區的裙子非常相似。至於克里特圍裙上的刺繡，則可感受到東歐的影響。

服 裝 特 徵

搭配的服飾有克里特頭巾、硬幣和十字架的飾品、寬鬆上衣、寬鬆褲、克里特圍裙及裙子。傳統風格通常是紅色頭巾、黑色長袖上衣和白色圍裙。而本書所介紹的，是以白色為基調的風格。

母親傳承給女兒的刺繡技法
是索菲亞地區民族服飾的魅力所在

保加利亞共和國

REPUBLIC OF BULGARIA

襯裙

長及腳踝的襯裙。上頭通常會繡著十字、菱形或細緻的花卉圖案。紅色象徵鮮血，據說可賦予刺繡更強大的力量。

背心裙

用麻和羊毛製成的背心裙。通常會套在襯裙上面。

圍裙

會圍在背心裙上方。花紋刺繡有驅邪的含義。

保加利亞位於巴爾幹半島的東南部，是通往西亞的貿易路線。南面是希臘的勢力範圍，周圍有4座山脈環繞，並且延伸至國內，東部、西部及中央各有主要城市。保加利亞的民族服飾特色，在於各地的襯裙皆各有不同。襯裙在以保加利亞首都索菲亞（Sofiya）等西部地區較為普遍。十字架與鋸齒狀的圖案編織細膩，而菱形、正方形及三角形的刺繡方式則宛如網格，至於樹木和花草的圖案，通常會以點陣圖的形式呈現。偏愛紅色和黑色等深色調也是這個地區的特色。

歷 史 背 景

保加利亞於西元681年以保加利亞帝國之姿誕生。雖然一度被拜占庭帝國所征服，但在12世紀卻能重建保加利亞第二帝國。1396年起是所謂的「黑暗時代」。在鄂圖曼帝國的統治之下，這個黑暗時代大約持續了500年，直至1878年土耳其被俄羅斯打敗才結束。在19世紀初期，保加利亞的解放運動浪潮日益高漲，人稱「保加利亞民族復興（Bulgarian National Revival）」時代。而現代的民族服飾形式，也在民族復興運動的影響之下得以發展與普及。

服 裝 特 徵

襯裙（Chemise）、背心裙（Sukman）、圍裙、編織襪以及鞣皮拖鞋是基本組合。刺繡是母親傳授給女兒的手工藝，十幾歲時就要開始學習。刺繡除了有驅邪的含義之外，繡在結婚禮服上還有長壽、子孫繁榮等寓意。不少圖案乍看之下像幾何圖形，但卻融入了女神像，因此被認為是基督教傳入之前的古代宗教遺蹤。

傳統的背心裙以黑色居多，而本書介紹的背心裙則是以紅色為底色，與圍裙形成了可愛的對比。

白俄羅斯共和國

REPUBLIC OF BELARUS

襯衫

以紅線在白襯衫上繡出植物及幾何圖案。白色象徵著自由和高貴,因此不管走到哪裡,都會看到穿著白襯衫的居民。

頭巾

白色頭巾,邊緣有紅色刺繡。

裙子

以羊毛、亞麻和棉布為材質的裙子。通常會根據季節來選擇。

背心

以印花布或天鵝絨為布料的背心。裝飾在上頭的華麗錦緞刺繡與珠飾在過去據說只有富裕家庭的女性才能穿著。

圍裙

必需品比如鑰匙、家務用品和貴重物品等小物都可以放在裡頭。

靴子

以前是赤腳,現在黑色靴子已經成為基本服飾。

　　白俄羅斯是一個擁有許多湖泊和河川的國家，與鄰國波蘭、立陶宛、俄羅斯、烏克蘭皆有河流相接。因此，在14世紀立陶宛大公國時期商船往來頻繁，各地河岸皆建立了市集與商人的館舍。這樣的地理位置雖然有利貿易，可當戰爭一旦爆發，便利的交通就會非常容易成為鄰國的入侵途徑，因而多次捲入戰禍之中。當今的白俄羅斯文化是白俄羅斯農村文化的縮影。目前城市地區雖以西式服裝為主流，但在農村地區和小鎮依舊有人穿著傳統服飾生活。

歷 史 背 景

　　白俄羅斯共和國在歷史上曾是波蘭、立陶宛及俄羅斯的領土，隨著蘇聯解體，於1991年建國，是一個比較年輕的國家。這個地區原本就有著獨自的文化。6世紀左右波羅的海民族和斯拉夫民族進入此處，因而建立了農耕聚落，這就是起源。9世紀以後，鄰國為了擴大領土而不斷侵略，讓此地長期處於戰火之中。加上地理位置正好在蒙古帝國及拿破崙遠征莫斯科的路線上，第一次世界大戰期間又被德國占領，結果成為戰場的前線地區。戰爭結束之後，白俄羅斯被納入白俄羅斯蘇維埃社會主義共和國，並受到阿富汗戰爭的波及，再次捲入戰火之中。不到10年，又因為車諾比核電廠事件而再次受到巨大損害。在獨立氣氛逐漸高漲的情況之下，終於在1991年成功獨立。

服 裝 特 徵

　　白俄羅斯位於北緯53度，氣候寒冷，土壤排水良好，相當適合種植亞麻（麻紗），故此種作物的一大產地。上頭繡著紅色幾何圖案的頭巾與襯衫也是用白色亞麻製成的。在亞麻上繡上紅色圖案的毛巾稱為「Rushnyk」，是東斯拉夫民族傳統生活中的日常用品。受到「縫隙是邪惡穿過的地方」這個觀念的影響，許多日常用品都會特地加上刺繡。

俄羅斯聯邦
RUSSIAN FEDERATION

可可休尼

半帽子狀的頭飾。
前面裝飾著錦緞銀
線的刺繡，以及大
量的珍珠和寶石。

俄式襯衫

俄語中的「Rubashka」
意指襯衫。無論男女，是
內衣還是上衣的襯衫，都
一律用此稱呼。

薩拉凡

套在襯衫上的背心
裙。裙子的長度可
以遮住腳踝。

地理背景

國土從歐洲一直延伸到亞洲，是橫跨歐亞大陸北部的國家。全境都是冬季漫長的寒冷氣候，地形上東部多山地及高地。俄羅斯是一個多民族國家，各個共和國及自治區都保有各自的語言及文化。插圖中的民族服飾是烏拉山脈以西的常見樣式。北部會在俄式襯衫上套件薩拉凡（Sarafan，背心裙）；而在南部則是會搭配波涅瓦圍裙（Ponyova，裹身裙）。雖然傳播途徑不明，不過款式類似的民族服飾在19世紀的挪威、瑞士及庇里牛斯山周邊的西班牙境內亦曾出現過。至於東歐民族服飾中常見的圍裙，有一說法是推測過去俄羅斯人在薩拉凡裙上繫的圍裙為其起源。

歷史背景

烏拉山脈以東的西伯利亞凍原地區在西元前3000年起就出現了青銅器文化；至於烏拉山脈以西的地區則是長期由9世紀興起的基輔羅斯公國所統治。到了13世紀，蒙古入侵導致俄羅斯地區的秩序崩潰，同時基輔羅斯公國也開始往烏拉以東入侵。14世紀，莫斯科羅斯公國崛起，並在17世紀彼得大帝時期成為大帝國。在這幾個世紀之間，領土向東擴展至太平洋，向南延伸到高加索山脈。進入18世紀之後，隨著西伯利亞地區的礦山開發及西歐化的加速，整個國家迅速現代化。到了1917年，俄國革命促使蘇聯成立。1991年蘇聯瓦解後，各個共和國相繼獨立。

服裝特徵

這是莫斯科東南部里亞占（Ryazan）地區的服飾，結合了俄式襯衫和薩拉凡。在彼得大帝頒布服裝法令讓貴族服飾西歐化之前，無論身分階級為何，女性在日常生活中皆會穿著薩拉凡，不過會將工作服和正裝區分開來。禮服的話通常會使用高級布料及豪華裝飾，有的則是會在腰間繫上皮帶。

民族服飾與風土

　　為了過上舒適的生活，我們會根據各地的氣候和地形，賦予穿著的衣物多種功能，並且發展出不同的形式。

　　衣服在保護我們免受酷暑嚴寒及發生危害上扮演著重要的角色。大家只要看看日間氣溫較高的印度或埃及的民族服飾，就會發現這些服裝不會緊束身體，在身體和衣服之間保留了足夠的空間，即使氣候炎熱，也能保持良好的通風性。

　　在這種熱帶到亞熱帶的地區最常見的樣式是「裹身式」，也就是用布從腰部或胸部寬鬆地覆蓋著全身的衣服。

　　而亞熱帶到溫帶地區最常見到的款式是「套頭式」。這種衣服會在布料中間開一個洞讓頭穿過，接著再讓布料垂落在身體前後。

　　在這當中，溫帶地區以縱向的「前開式」居多。

　　隨著工具和技術的發展，寒帶地區進而演變出了配合體型剪裁，以提高耐寒性及活動便利性的「體型式」的衣物。

　　像這樣的民族服飾在深受氣候風土影響的同時，亦與生活息息相關，是長久以來備受重視的文化。

亞洲

篇

土耳其共和國

REPUBLIC OF TURKEY

頭飾

女性頭飾。側面上懸掛著仿造銀幣的裝飾。

婚禮長袍

土耳其西北部城市布爾薩（Bursa）的結婚禮服。禮服上裝飾著金線刺繡的花朵和樹枝，在土耳其稱「Bindalli」意指「無數的樹枝」。有時還會在花草圖案中繡上具有驅邪避凶和祈求豐收含義的「法蒂瑪之手」。禮服的布料為絲絨材質。

地理背景

土耳其地處東西方文化交匯的樞紐，自古眾多民族在此匯聚。北方隔著北海與俄羅斯相望，南方隔著愛琴海及地中海與非洲大陸相對，東鄰中東諸國，西接希臘和保加利亞。地形主要分為兩大部分：內陸的安那托利亞高原和沿海地區的平原。安那托利亞高原的海拔約1,000公尺，是一個氣候相當乾燥，幾乎不長樹木的地區。這裡曾是絲綢之路的綠洲，繁榮興盛無比。由於伊斯蘭文化的根深蒂固，加上適合當地氣候，因此整個高原地區普遍穿著「卡夫坦」（Kaftan，一種開襟長袍）。布爾薩則是一個沿海城市，氣候類似地中海，全年溫暖，不過冬季多雨。

歷史背景

土耳其是古代東方文化的發源地，曾是希臘帝國、羅馬帝國和拜占庭帝國的基督教中心。13世紀在鄂圖曼帝國的統治之下，伊斯蘭文化深入人心，並且隨著領土的擴張融合了東西方的文化。雖然現在大多數的國民是穆斯林，但1923年凱末爾‧帕夏（Kemal Pasha）新政府成立之後，除了宣示政教分離，還開始接納西方文化。

服裝特徵

頭飾（Tepelik，帽子）、面紗和婚禮長袍是基本組合。整套服裝都裝飾著華麗的刺繡。這些圖案反映了伊斯蘭文化的影響，不僅應用於服裝上，還適用於地毯、毛巾等日用品、帳篷，以及牆壁磁磚等各種物品上。植物纏繞的流動圖案是典型的阿拉伯紋樣，亦見於蘇丹艾哈邁德清真寺和托普卡匹宮殿中；衣物上則常用於婚禮服飾。以古蘭經經文為靈感的文字圖案，亦被視為可媲美畫作的裝飾來點綴清真寺。至於本書介紹的樣式，則是加入現代風格改造的服裝。

烏茲別克共和國

以現代風格重新詮釋
傳統絣紋的模糊圖案

REPUBLIC OF UZBEKISTAN

長袍外套
帶袖的開襟大衣。
胸口寬敞，兩側有
摺皺設計。袖口及
裙擺處會露出裡面
的洋裝。

庫爾塔・普沙克
已婚女性佩戴的小帽。
後面附有一塊用來遮蓋
髮辮的細長布條。帽子
上還有各種飾品。

卡夫希鞋
淺口鞋。70年代
中期經常看到年
長的女性穿著這
種鞋子。

　　烏茲別克是位於中亞中心的內陸國家，國土絕大部分是沙漠，氣候乾燥、日夜溫差大，一到夜晚氣溫就會驟降。東部和南部有來自帕米爾高原的綿延綠洲，灌溉農業相當興盛。豐富水資源使其成為中亞屈指可數的棉花生產國，更因身為絲綢產地而繁榮。首都塔什干（Toshkent）自古便是絲綢之路的重要中繼點。國民中有八成是烏茲別克人，大多數信奉伊斯蘭教。

歷史背景

　　烏茲別克國名的由來為，由烏茲別克汗（Uzbek Khan）所領導的遊牧部落「烏茲別克」建成的「國家」。西元前1000年左右，伊朗系斯基泰人（Scythians）在這片土地上建立了城市。烏茲別克與伊朗系民族的傳統服裝雖然是將布料縫合而成的平面結構，但在西元前5至西元前2世紀的阿契美尼德王朝遺址中，卻挖掘到西方文化圈常見的立體樣式服裝。

服裝特徵

　　遮蓋頭髮是民族服飾的一部分，而且烏茲別克至今仍保留這個文化，不過規定不如其他國家嚴苛。雖曾被俄羅斯併吞，但在1917年十月革命後轉型為社會主義國家，並從自7世紀以來一直延續至今的伊斯蘭教束縛中解放出來。女性的生活更是出現巨大的變化，不再穿著帕蘭吉（Paranja，一種遮蓋全身的長罩袍），並隨著工業發展開始外出工作。雖然西方風格的立體洋裝日益盛行，不過傳統的絣紋依舊備受青睞。絣紋圖案的布料稱為「Atlas」，經線是絲線，按照設計的圖案分色染色之後，再以棉線為緯線織合在一起。以鮮豔的顏色和大膽的圖案為特徵。而本書所介紹的，是使用絣紋布料但改良為西洋風格的民族服飾。

阿富汗

ISLAMIC REPUBLIC OF AFGHANISTAN

高腰連身裙
可變換成高腰設計
的連身裙。胸前通
常繡有以菱形組成
的部落傳統花紋。

長褲
膝蓋以下呈蛇
腹狀設計的細
長褲子。

地理背景

　　阿富汗是一個被西亞6個國家包圍的內陸國，國土中央有興都庫什山脈（Hindu Kush）從東往西橫穿而過，因此該國超過七成的土地為山地或高原，日夜溫差極大。普什圖族是居住在高地、人口超過1,000萬的最大族群。該地區地下水豐富，許多人從事遊牧及農耕。這些高地居民的服裝以羊毛製成，並巧妙地以刺繡背心來調節體溫。在冬季有時會穿上類似棉襖的外套，叫做「袷袢（Chapan）」。

歷史背景

　　1747年為阿富汗王國的一部分，隨後成為英國的保護領地。雖然於1919年獨立，但政治局勢卻持續不穩定。自從阿富汗時代起就是一個戒律嚴格的伊斯蘭教國家，城市地區的人們都會遵循著教義生活。為了遵守不向家族以外的男性露臉這個教義，女性會穿著以面紗覆蓋全身的罩袍「帕兒錐（Chadri）」。頭部是一頂帽子，可以完全覆蓋，眼睛的部分則是網眼設計。20世紀時，阿富汗雖然曾因國家政策而傾向廢除穿戴帕兒錐，但在某些情勢之下，有時還是要強制穿戴。

服裝特徵

　　由高腰連身裙（Kamis）與長褲（Partug）構成的兩件式服裝。高腰連身裙的袖子、肩膀及前腰部分裝飾的圓形飾物稱為「禮服之花」。這是一款用串珠串成幾何圖案、長約15公分的飾品。用來裝飾邊緣的藍色珠子代表天空和海洋的顏色，對生活在沙漠地區的普什圖人來說，是一種吉祥的象徵。此外，它也被視為是昂貴的青金石及土耳其石的替代品，並有驅邪用意，因此備受重視。

巴基斯坦伊斯蘭共和國

ISLAMIC REPUBLIC OF PAKISTAN

舒舒特

後面有流蘇的髮帶。縫有祈求多產豐收的寶具、珠子和鈕扣，是相當沉重的帽子，不過當地婦女已習慣整天佩戴。

髮辮

前面1條、側面2條、後面2條，總共5條辮子。不過近年來的年輕女性以3條為主流。

項鍊

用大量紅色珠子串成的項鍊，據說具有驅魔的力量。

腰帶

配有手織流蘇的腰帶。

連身裙

羊毛織成的黑色連身裙。裙長及腳踝，領口、袖口和下擺的幾何圖案是用紅色或黃色毛線（近年來用壓克力難燃紗）縫製而成的。

地理背景

　　大多數的人居住在南部的印度河流域，而且幾乎是穆斯林。北部的奇特拉爾省居住著保留獨特文化的民族。其中之一是卡拉沙人，人口僅有4,000人，住在靠近阿富汗邊境的邦布雷特谷、倫布爾谷和比里爾谷這3個山谷。這些山谷位於人稱「印度人殺手」的興都庫什山脈中，是一個難以與外界的交流的地方。卡拉沙族的生計以農業和畜牧業為主。但受到地理環境的影響，不適合交易，因此幾乎每個家庭都擁有田地和山羊，過著自給自足的生活。

歷史背景

　　由於卡拉沙人沒有文字，也沒有留下任何文獻，因此他們的歷史大多仍舊成謎。他們依舊保持著獨特的信仰，例如在舉行儀式向神明祈願或感恩時會獻上山羊的鮮血及神聖的小麥麵包，並讓神明降臨的場所處於神聖狀態，日常生活中也有「潔淨」和「不潔」的價值觀。伊斯蘭教徒自古以來稱住在興都庫什山脈的人為卡菲爾（Kafir），意指異教徒，而他們的土地就稱為卡菲里斯坦（Kafiristan）。19世紀時期，統治周圍的阿富汗國王對伊斯蘭強制推行改宗政策，讓生活在阿富汗境內的卡菲里斯坦居民失去了自己的信仰，只有當時居住在奇特拉爾王國統治土地上的卡拉沙人保留了昔日的習俗。

服裝特徵

　　卡拉沙人擁有獨特的信仰，亦非伊斯蘭教徒，因此女性的穿著與巴基斯坦的其他地區不同。巴基斯坦大部分地區信仰伊斯蘭教，故女性通常會穿著可以覆蓋肌膚的長褲或是戴上頭巾。雖然男性已經改穿寬鬆的燈籠褲夏瓦爾（Shalwar）及長罩衫卡米茲（Kameez）等伊斯蘭服飾，不過女性依舊保留著各個民族及地區的鮮明個性。

尼泊爾聯邦民主共和國

NEPAL

披肩

以薄透的蟬翼紗繡上花卉刺繡製成。

卡斯塔紗麗

蟬翼紗製成的長披肩。據說有人會當作紗麗的替代品披在肩上。都市地區現在亦可看到不披長披肩在街上行走的女性。

庫爾塔

類似長袍（Tunic）的長版上衣。據說製作庫爾塔時需要用上大約2公尺長的布料。側面有開衩。

薩爾瓦

穿在庫爾塔下的褲子，屬於版型寬鬆的衣物。也有修身版型，款式相當豐富。都市地區的女性有的會改以緊身褲、棉質長褲或牛仔褲來代替。

尼泊爾位於喜馬拉雅山脈的山腰，國土幾乎是山區，許多人居住在加德滿都谷地。山岳地帶將氣候分成南北兩半，北部吹來西藏寒冷乾燥的風；而南部則有來自印度炎熱潮濕的風。因此，北方以飼養山羊和綿羊的牧畜業為主；而南方則以農耕為主。高地冬天氣候寒冷，故北部居民會穿著羊毛衣物；而南部居民則是棉布衣服。

歷 史 背 景

南亞唯一的君主立憲國，自19世紀以來雖然實行鎖國，但於1955年加入了聯合國。雖然尼泊爾周圍的印度文明和西藏文明都相當發達，但因與這些文明的中心地帶距離較遠，因此本土信仰及文化皆保存得相當完整。服裝和藝術方面可以看出深受印度的影響，像是「加萊克‧法麗亞」這種裹身式的服裝穿法就與印度的紗麗十分相似。宗教方面，印度的印度教和藏傳佛教皆受大眾信仰。

服 裝 特 徵

尼泊爾男性通常穿著道拉‧蘇魯瓦爾（即長上衣配寬鬆褲）搭配達卡帽，女性則穿著類似紗麗的古尼‧奧喬洛（繡花長袖上衣配長裙）。

尼泊爾是個多民族國家，因此存在各種民族服飾，但其中較為知名的日常服裝是庫爾塔‧薩爾瓦（Kurta‧Salwar）。這種服裝可當日常便服，亦可當作正式服裝，以行動方便為特色。

這套民族服飾基本由長版上衣（庫爾塔）、褲子（薩爾瓦）和披肩這3個部分組成。褲子有2種款式：寬鬆的旁遮普風格和褲襪相當貼身的楚里達風格，無論是日常生活還是正式場合皆適用，而且相當舒適。

不丹王國

KINGDOM OF BHUTAN

別針

用於固定傳統服飾旗拉的肩部，從20世紀開始使用。扣件的中央鑲嵌著土耳其石，具有驅邪的作用。

上衣

長袖襯衫。

旗拉

由3塊手織布拼接而成，並織入宗教圖案。使用大量布料是為了適應氣候變化，加以調節。

腰帶

固定旗拉的細腰帶。褶邊部分有時也會用來放工作需要的小物品或便當。

鞋子

毛氈長靴。

　　不丹位於喜馬拉雅山脈的東端，北邊與西藏自治區接壤，南邊與印度相鄰。南北高低相差7,000公尺，境內大部分是山區，居住地區僅限於河岸及盆地。主要產業是農業，高地種植旱地作物，2,500公尺以下的低地則是種植水稻。此外，部分地區也會飼養犛牛。民族服飾的材料主要有棉、麻、蕁麻，以及羊毛和犛牛毛等，通常會用家中的編織機來織布。信奉藏傳佛教教義，為了避免殺生，涉及殺生的蠶絲絹絲皆從中國進口。生活方式亦遵循藏傳佛教，經常盤腿坐在地板上，故在包裹旗拉（Kira）時側邊會稍留餘裕。

歷 史 背 景

　　據說有八成的居民是藏族。是一個君主制國家，由旺楚克家族世襲治理，現任國王吉格梅・凱薩爾・納姆耶爾・旺楚克是第五代。不丹長期處於鎖國狀態，但在第三代國王統治的1971年獲准加入聯合國，因而踏入國際社會。第四代國王提出了國民總幸福量，讓不丹成為知名的「世界上最幸福的國家」。為了傳承傳統文化，自1989年起規定在公共場合必須穿著民族服飾，旗拉和幗（Gho，男性的民族服飾）也因此成為學校的制服。

服 裝 特 徵

　　旗拉的配色及圖案有好幾款。染色方法多為祕傳，詳情不明，不過絲線是由織布工坊獨自染色，並用名為「塔辛」的織機織成。織布工坊大多集中在中部及東部，以布姆唐（羊毛織物）和塔希岡（草木染的佛教圖案織物）最為有名。在織布技法方面，最常使用公認最複雜的單面縫取織，這種獨特的織技稱為「提瑪」，織法複雜到讓人誤以為是刺繡，常常織入佛塔或卍字等宗教圖案。

印度共和國

REPUBLIC OF INDIA

短上衣

合身的短上衣，長度通常到肋骨下方。短袖。大多會選擇可以襯托紗麗的顏色。

吉祥痣

點綴眉心的紅點，是已婚女性的象徵。此外，還會配戴各種珠寶飾品，例如：頭飾（Tika）、耳環、小鼻環（Nath）、項鍊、戒指、腰飾和踝鏈。

紗麗

用的是寬1公尺、長5公尺左右的一整塊布。依地區和階級不同，布料、染色方式及裹身方式皆有所區別。正式場合會穿著帶有金銀刺繡的紗麗，葬禮的話則是白色紗麗。

地理背景

印度是一個擁有約845種語言及方言的多民族國家。1956年獨立時是按照語言來劃分地區，因此各州的主要語言和民族文化皆有所不同。約有八成的國民是印度教徒，而將紗麗視為「無縫衣＝淨衣」的概念源自印度教。事實上，不論教派、階級或地方，幾乎所有人都會穿著紗麗。類似的文化亦存於鄰國中，例如巴基斯坦、孟加拉和尼泊爾，這些國家的女性也會穿著紗麗。

歷史背景

印度的起源，可以追溯至世界三大文明之一的印度河文明。雖然印度本土有不少王朝興起，但是包括亞歷山大大帝、婆羅門教的笈多王朝、伊斯蘭教的馬穆魯克王朝、具有蒙古血統的蒙兀兒帝國，以及英國的東印度公司等，皆見證了這個國家的興衰歷程。有人認為這與現在印度的多樣性有關。珍惜布料是印度教的教義之一，所以印度才會生產如此豐富的布料，例如織物、手繪印花布、木版印花等，在貿易中頗具有價值。

服裝特徵

短上衣（Choli）與紗麗是基本搭配，而且還會穿戴珠寶飾品。穿著的重點，在於符合自己的身分。因此從紗麗的裹身方法及設計，就可以看出對方的婚姻狀態、家庭職業、種姓（階層）、年齡，以及居住地區等個人資料。紗麗的材質、裝飾方法、染色、色彩及紋樣等都會根據種姓制度詳細規範。有些地區禁止與不同種姓的人接觸，因此紗麗不僅是彼此自我保護的方式，同時也有類似制服的意義，可以凝聚生活共同體的團結感。

泰王國

KINGDOM OF THAILAND

沙拜

將長條形的布料纏繞在身上,剩下的部分垂掛在左肩上的披肩。有時會裝飾著蕾絲或有細摺的物品。

裹裙

纏繞在下半身的布料。縫成筒狀的是筒裙。通常會將皺褶聚集到正面,再用腰帶繫住。

　　與太平洋和印度洋相鄰，位於中南半島至馬來半島的中心，泰國在貿易和戰爭時期往往扮演著重要的角色。這是一個靠近赤道的熱帶國家，全年平均溫度為28℃，而在多雨的5月至10月期間濕度也會跟著上升，讓空氣變得潮濕悶熱。泰國民族服飾的布料通常以棉或麻等涼爽、易於活動且耐用的纖維製成，以便在這個高溫多濕的環境裡舒適生活。近年來以絲綢製成的服飾成為主流，因此有時也會穿著設計成西服裙子般的款式。

歷 史 背 景

　　國名「mueang Thai」在泰語中意指「自由人民之國」。或許是這個原因，與其他東南亞國家相比，泰國除了國教的佛教之外，還接受了印度教、基督教、猶太教等少數宗教。在1993年以前，泰國以暹羅為國名，在泰語中意指「黃金閃爍」。第二次世界大戰期間，這個國家以割讓部分領土給歐洲國家的方式，保全了現今國土，成為東南亞唯一未受殖民統治的國家。與周邊國家相比，印度帶給泰國的影響力仍然強烈。

服 裝 特 徵

　　沙拜（Sabai）、裹裙（Pha Nung）和腰帶是泰國傳統服裝的正式打扮，布料是具有高級感的絲綢。現任國王拉瑪十世的母親詩麗吉王太后因致力保護泰國織物，並復興養蠶和絲織技藝，進而讓泰國的民族服飾及泰絲一躍成為世界知名的特產。女性的服裝在北部、東北部、南部和中部各有不同，而沙拜的風格及顏色更是獨具特色。

越南社會主義共和國

SOCIALIST REPUBLIC OF VIET NAM

奧黛

以立領、插肩袖（右側的重疊設計）、及腰的深開衩為特徵的越南傳統服裝。市面上有棉、絲綢、化學纖維等各種材質。在越南語意中為「長的衣服」。有的高中和大學還會將純白色奧黛當作校服。

越南斗笠

用椰子葉、藤及竹子編織而成的圓錐形斗笠。是越南古都順化的知名特產。

寬長褲

搭配奧黛的兩件式套裝，是穿在奧黛下方的寬鬆褲子。過去未婚者穿白色、已婚者穿黑色，但現在可以選擇自己喜歡的顏色。

鞋子

沒有特別規定，通常會穿著傳統工藝的草鞋、網狀涼鞋、高跟鞋或運動鞋。

地 理 背 景

在這個南北狹長的國土上，京族約占人口的八成，此外還有50多個少數民族。奧黛（Áo dài）是京族的民族服飾。而在北部山區的少數民族仍舊保留著獨特的文化。苗族的民族服飾以藍染布料為基本，再加上十字繡和貼布繡，色彩相當豐富，而且還可以藉由渲染的顏色和刺繡的圖案來細分部族。

歷 史 背 景

大約在西元前700年至西元100年期間，越南北部出現了擁有青銅器文化的東山文化。據說這一文化的遺物——銅鼓上描繪的下擺前後左右皆有開衩的服裝，被認為是越南奧黛的原型。11世紀，統治越南北部的李朝從鄰國宋朝引入科舉制度和儒學等中國文化，據說奧黛也受到旗袍的影響。在經歷中國的統治與獨立之後，18世紀廣南國第八代君主阮福闊為了確立越南文化的身分認同，因而奠定了現代奧黛的原型。現代奧黛的型態是在法屬印度支那時期形成的。畫家吉祥在設計時，不僅做出符合身體曲線的腰身，還在袖子及領子上添加了歐洲風格的設計。到了1960年代，西貢的設計師發明了便於上臂活動的插肩袖，總統顧問的妻子也穿著高領的奧黛。此外，女學生之間也開始流行易於活動的迷你奧黛，穿著方式變得更加自由。

服 裝 特 徵

奧黛通常會與寬長褲（Quần）成套穿著，而且是根據越南的熱帶氣候，以絲綢或化學纖維等輕薄面料製成的。特點是立領、貼身的剪裁線條、插肩袖以及從腰部到腳踝的深開衩。奧黛底下通常會搭配像「寬長褲」般的寬鬆長褲。

印度尼西亞共和國
REPUBLIC OF INDONESIA

可峇雅

由織花邊等輕薄布料製成的上衣，通常會用腰帶（Stagen）綁起來固定。裡面會穿著胸衣（Kotang）或馬甲（Angkin）。流行的款式有中式立領的上海可峇雅，以及立領搭配七分袖及全身蕾絲的華麗長版錦緞可峇雅等。可以看出90年代以後，就至少有14種不同的流行款式。

長腰布／沙龍

裹身裙，捲的時候要在左前方收尾。單片布料稱為長腰布，縫成圓筒狀的稱為沙龍（或稱筒裙）。但有幾個地方需要注意：裙擺要平行於地面，裙長要符合身分，選擇與階級相匹配的布料、圖案和顏色。在日常生活中，裙長遮住腳踝被視為端莊。

印尼的英文為「Indonesia」，指印度各島。誠如其名所示，印尼是由5個主要島嶼及大約1萬3千多個小島所組成。目前約有300至350個民族居住在這裡，每個民族可說是都有獨特的布料，在染色、織造以及圖案等方面都十分豐富，琳瑯滿目。著名的布料工藝有蠟染、伊卡特（印花棉布）和爪哇印花棉布（爪哇更紗）。峇里島騰加南村的格林辛布是該村獨有的布料，為全球罕見的雙面伊卡特織物。重視織物的概念在印尼稱為「怛特羅」，源於梵文織物的意思，是一個在絲線紡織成布的過程當中，與那源源不絕的創造性及自由偉大息息相關的詞語。相同概念亦存在於印度教、佛教、苯教和耆那教之中，還流傳到東南亞各國。

歷 史 背 景

傳聞早在西元前就遷居到峇里島的人以一塊布包裹全身，當作衣服來穿。當峇里島發展成為旅遊勝地後，可峇雅迎來了令人目不暇給的流行浪潮。隨著時代的變遷，肩部設計、袖長、布料材質和衣長等皆有所變化，當中還有一種名為「可峇雅・卡蒂尼」的款式，是倡導女性解放的卡蒂妮女士所喜愛的設計。

服 裝 特 徵

可峇雅只要換個顏色，就能出席所有婚喪喜慶，因此許多人會準備一整套來應付各種場合。例如參拜寺院時會穿上象徵神聖的白色或代表喜悅的黃色；參加喪禮時會選擇黑色、深咖啡色、深紫色或群青色等暗色系。若遇村莊祭典，有時大家還會穿顏色相同的可峇雅。另一方面，長腰布和沙龍則是採用了與神祇或泛靈論相結合的色彩和圖案。有黑、藍、白、粉紅、紅、橙、黃、綠、混合色等9種基本原色，每種顏色都各自對應著特定的守護神、方位、神聖數字和符號。在賦予色彩意義的布料中，格林辛和波倫是具有驅邪意義的方格紋；在賦予圖案或技法意義的布料中，有用於婚禮和儀式的松克特、上有燙金的普拉達及伊卡特。

蒙古國
MONGOLIA

帽子
據說帽子有靈魂寄宿，同時也是富裕的象徵。宛如高塔的形狀是對天上的憧憬。頭髮呈現的是名為「羊角」的髮型。

哈拉特
長袍禮服，特色是立領、反摺的袖口和墊肩。

烏吉
穿在哈拉特外面的無袖長袍。腰部拼接處有褶皺設計。

哥塔爾
皮革製成的靴子，特徵是鞋尖向上翹。

蒙古位於歐亞大陸的中東部，北鄰俄羅斯，南接中國，南部被劃分為中國的內蒙古自治區。國土大部分是草原和沙漠，氣候嚴酷，有時晝夜溫差超過30℃。蒙古傳統服飾中的長袍「德勒」是日常穿著，也是寢具，設計能夠對應劇烈的溫差變化。冬季德勒的內襯是毛皮，夏季則以輕薄的布料製作。此外，受到騎馬民族遺風影響，德勒下擺的設計通常會稍微寬鬆，以便開腿騎馬，亦不使用金屬配件，以免落馬時受傷，這些都是為了騎馬所做的巧妙設計。德勒這種長袍沒有口袋，因此人們會將物品放在身上，例如男性會把打火石和短劍掛在腰帶上，女性則是會掛上縫紉工具。

1206年由成吉思汗建立的蒙古帝國，在經歷了4個世紀的繁榮之後，於1688年被清朝統治，1921年成為以藏傳佛教活佛為元首的國家。至今國內仍有許多寺院，每逢農曆新年亦會大肆慶祝。1924年成為繼蘇聯之後世界第二個社會主義國家，不過1992年頒布的新憲法保障了宗教自由，讓瀕臨消失的藏傳佛教和傳統的薩滿教得以復興。傳統的尖頭靴形狀據說源於蒙古帝國時代的薩滿信仰，目的是為了避免鞋尖觸碰及損壞大地；另一說是基於藏傳佛教的教義，認為是為了不殺昆蟲。

名為「羊角」的髮型是用凝固的羊脂將頭髮固定成型的。通常會使用銀飾、土耳其石及珊瑚等珠寶、護身符、流蘇等家傳寶貴髮飾來固定頭髮，髮尾則是收到容器之中。不論男女都相當重視帽子，因此種類繁多，形狀上有圓錐型、頭盔型及頭蓋帽；材質方面則有織物、緞子、天鵝絨、毛氈等多種布料。有的帽緣是用編繩裝飾，或者飾以毛皮和羽毛，有的則是用串珠及寶石來裝飾。

中華人民共和國

PEOPLE'S REPUBLIC OF CHINA

襖

在歐洲及滿族的影響之下，袖子和上身的設計會顯得較為修身。

裙子

遮至腳踝的長裙。

地理背景

從東部的平原向西行，海拔逐漸升高，西端則有喜馬拉雅山脈和阿爾泰山脈。黃河和長江等大河流貫其中，自然資源豐富，國土寬廣遼闊，氣候更是豐富多樣。此外還有將近600個自治區，少數民族大多居住其中。占全國人口九成的漢族，起源被認為是現今居住在中國南部的遊牧民族——周人，他們在吸收合併周邊部落的過程中逐漸形成漢族。從尚未受到外國影響的服飾，可以明顯看出這些傳統的寬鬆服裝是根據溫暖氣候及遊牧生活而設計。

歷史背景

一般認為中國的歷史始於西元前22世紀位於中國北部的夏朝。甚至在更早，也就是國家尚未形成之前，人們就已經穿著以麻織成的衣服。到了西元前16世紀的商周時代，人們已經開始進行養蠶及絲織物的生產。到了10世紀之後的後漢，法律開始規定服裝，這一制度作為中國的公服制度延續了2,000年。辛亥革命之後，傳統服裝逐漸接近歐洲風格，人們開始採用短版而且合身的設計，至今仍與西服一起穿著。

服裝特徵

成套的襖裙會搭配鞋子和髮飾，據說可以從衣領及交疊的方式來判斷是哪個民族的服裝。此外，服飾上經常加入基於五行思想而設計的紋樣和顏色。對日本人來說，提到中國的傳統民族服飾，首先想到的可能是旗袍。其實旗袍原本是從滿洲貴族服飾「旗裝」改良而來，並從1920年代左右開始吸收西式服裝的製作方式，進而定型成為民族服飾。另一方面，「漢服」是「漢民族傳統服飾」的簡稱。也就是說，「漢民族穿的衣服＝漢服」，設計常因時代不同，差異甚大。

居住在山區的泰雅族
鮮豔又充滿活力的民族服飾

台灣
TAIWAN

額帶

平常佩戴的是在黑色棉布上繡上花朵的款式，正式場合的話則是佩戴編繩或花朵刺繡相連而成的款式。

紋面

臉上所刺的刺青。

項鍊

用精緻多彩的串珠裝飾而成。

上衣

聽說過去是要自己用織布機來織布。使用的是由野生麻紡成的紗線、羊毛和棉線，並以紅色為底色，另外再加入各種顏色，製作出圖案。

披肩

在棉布周圍依序縫上紅、黃、綠、黃、紅這5層毛線的編繩。

片裙

將寬幅的布料包裹住身體。有優雅的長版，也有容易活動的短版。

綁腿

在此與腰帶一樣，也是包裹式設計。

地理背景

位於日本琉球群島以南的亞熱帶島國。有10座3,000公尺等級的高山南北縱貫。東海岸也有海岸山脈，國土約有3分之2是山區，地形險峻。剩下的西海岸則是肥沃的平原。居住在山區的原住民族因與外界較少接觸，故發展出高度的階級意識文化。為了將貴族和平民區分開來，貴族的服裝常以各種華麗的裝飾來彰顯權威，例如老鷹羽毛、琉璃珠飾品及綬帶。

歷史背景

台灣的原住民包括住在山脈地區的「高山族」（現稱原住民族）和生活在平地的「平埔族」。在17世紀的大航海時代，荷蘭和西班牙曾經在此停泊並進行侵略，之後又經歷清朝和日本的統治。即使今日是一個受國際社會認可的國家，卻仍可看出與中國的權力關係。在侵略的歷史中，平埔族的文化幾乎已經消失殆盡，至於高山族則分為9族（現今政府承認的原住民族有16族），仍然保有其獨特的文化、語言和民族服飾。

服裝特徵

身上的裝扮有頭飾、紋面（文面）、琉璃珠項鍊、上衣、片裙、綁腿，多數時候赤腳。台灣只有泰雅族、賽夏族、賽德克族和太魯閣族會紋面。紋面在台灣原住民的習俗中是成年的象徵，以及死後能順利到達祖靈世界的條件。以額頭上的一條直線和臉頰上的大曲線為特徵，通常會在6至7歲的時候刺青。而女性紡織技術熟練是成年的資格，也是紋面的條件。

受儒家文化的影響，
強調謙遜和高雅的韓服

大韓民國
REPUBLIC OF KOREA

赤古里
短上衣。左側要疊在上方。長度、領口的寬度及袖子的形狀會隨著時代而改變。

吊飾
傳統的流蘇。通常會繫在裙子的綁繩上或是赤古里的綁帶上。

裙子
長度從胸部到腳踝的裹身裙。會在胸前打結固定。追求行動便利的學生有時會把裙子改得稍短一些。

　　韓國是一個多山的半島，夏季氣溫通常會超過30℃，非常炎熱；冬季氣溫卻會因北方吹來的季風影響而下降到零下30℃，屬於大陸性氣候。為了適應氣溫的變化，韓服會使用絲綢、麻布及棉布等不同布料，製作上也會精心設計，採用單層、夾層或棉襖等形式。受鄰國文化影響，基於陰陽五行的「紅、藍、黃、黑、白」5色被認為能驅邪迎福。故像孩童禮服的袖子、赤古里的長衣帶，以及名為彩色韓服的成年男性的上衣袖子，在特別場合中的服裝上也經常使用五色彩緞的圖案。

歷 史 背 景

　　據說在西元前遷徙到朝鮮半島的民族與北方騎馬民族，是當今朝鮮民族的祖先。14世紀至20世紀的朝鮮王朝時代，儒教思想盛行，不僅設定了嚴格的身分制度，就連服飾也因階級而有所區別，像是紅色的裙子（Chima）就只有王妃可以穿，王族以外的人皆禁止使用這種顏色。至於農民，據說除了是特別的日子，否則平日只能穿著沒有其他顏色的白色衣服。現代不僅有粉彩色以及蕾絲材質的赤古里裙（Chima jeogori），穿著這種傳統服飾在觀光景點拍照更是大受歡迎。

服 裝 特 徵

　　基本服裝由赤古里（短上衣）、裙子（裹身裙）、當作裏衣穿著的褲子和襯裙所組成，有時還會佩戴吊飾（Norigae）等裝飾品。褲子主要作用是冬季保暖用，並穿在襯裙的下面。襯裙會多層疊穿，目的是讓裙子蓬起來，藉以遮掩腰線。這種遮蔽身體曲線的穿法據說是因為儒家文化的普及，開始重視女性的謙遜和品格所致。披在赤古里裙上面的長袍，以奢華的金邊錦緞、絲綢或緞布為佳。

日本

JAPAN

半襟

用來縫在和服內襯「襦袢」的領口處。原本是為了要避免襦的領子弄髒，後來被賦予裝飾的意義，並以刺繡等方式展現華麗的圖案。

振袖

未婚女性的正式禮服，特徵是比其他和服還要長的袖子。通常在成人禮或婚禮的換裝儀式中穿著。

帶揚

位於腰帶上方的淺色布料，穿上慶祝的盛裝時會盡量展示出來。如果是七五三的傳統禮服或振袖，則會使用總絞染（整塊使用絞染技法染色的布面）等華麗的帶揚裝飾。

亞洲大陸最東端的島國。南北呈弧狀延伸，各地區間冷暖差異大，是一個四季分明的國家。夏季高溫潮濕，冬季寒冷。日本阿爾卑斯山脈南北延伸，導致日本海和太平洋兩側氣候差異顯著。日本海這一側冬季多雪，太平洋這一側則相對溫暖。為了適應潮濕的氣候，因而設計出寬大的袖子和Ｖ字領口，以便有效散發體熱，並利用多層穿著或改變布料材質的方法來調節體溫。

歷 史 背 景

現代和服的起源是小袖。平安中期的公家時代，貴族在大袖（唐衣、束帶等）下穿著的小袖，也被老百姓當作單件衣物穿著。從平安時代末期到江戶時代，武士階級的崛起也使得原本是老百姓日常穿著的小袖變得華麗，例如以絲綢製作或加上刺繡，又或以染色方式增添圖案。明治以後隨著西服的普及，小袖和大袖的概念逐漸淡化，於是小袖開始稱為和服。戰後西服迅速在一般女性之間普及，如今和服已成為特殊場合如七五三、成人禮、婚禮等儀式中穿著的服裝。

服 裝 特 徵

圖中穿著的是襦袢、和服、腰帶、帶揚、帶締（綁在腰帶上將其束緊的繩子），以及足袋（傳統的分趾襪）。和服種類相當豐富，從正式到休閒的都有，包括傳統婚禮上新娘穿的華麗外套「打掛」、已婚女性穿的正式黑色和服「黑留袖」、已婚女性穿的正式彩色和服「色留袖」、半正式的和服「訪問著」、單色無花紋的和服「色無地」、振袖、質地較粗糙的和服布料「紬」等。代表性的技法有友禪染、型染、刺繡，以及絞染（富有變化及立體感的染色法）等。

民族服飾與顏色

民族服飾是世界各地的人們根據各自居住區域的風土以及生活方式，經過漫長的歲月逐步建立起來的服飾。

不管是顏色、形狀還是花紋，都有各自的意義，特別是色彩與民族、文化、宗教和歷史都有著密不可分的關係。

例如紅色。據說這個顏色在日本經常被用於內衣或七五三的和服上，具有驅邪避魔的意思；而在基督教社會中，紅色象徵著「神的愛」與基督所流的「贖罪之血」，兩者意義大相逕庭。

再如黑色。在基督教社會中，黑色代表著黑暗，是冥界或暗黑的象徵；然而在起源於中國的陰陽五行說之中，黑色卻被視為是天界的顏色，是至高無上的色彩。

又如黃色。在陰陽五行說中，黃色是至高無上的顏色，在印度教和佛教中也被視為是吉兆之色。古代歐洲將黃色視為是豐饒的象徵，但在基督教文化中卻被視為是低賤的顏色。

可見民族服飾清楚地反映了各個民族的傳統，以及呈現出顏色所象徵的意義。

非洲
篇

受到歐洲影響的染織品與
柏柏爾人孕育的文化融合

摩洛哥王國

KINGDOM OF MOROCCO

面紗
根據伊斯蘭教義，遮住除眼睛以外的部分。

甲拉巴長袍
連帽長袍。通常會當作外套套在西服或穆斯林長袍上。沒有帽子的長袍稱為「甘杜拉」可以當作圍巾纏繞在頭上。原本是男性服裝，但在法國保護領地時代女性也開始穿著。

巴布什鞋
以家畜皮革為材質製作的鞋子，外型像拖鞋。要踩著後腳跟穿。

地 理 背 景

　　摩洛哥四周環繞著地中海和撒哈拉沙漠，各個地區的氣候多樣。例如地中海沿岸氣候溫暖宜人，但靠近內陸沙漠的地區夏季最高溫卻可達50℃，而且冬季早晚還可能降至冰點以下。由於冷暖差異很大，雖然都是裹布，但是材質卻非常豐富，從薄棉、透明的絲綢到厚重的羊毛織物都有。甲拉巴長袍的三角形尖頭連帽則是兼具了調節體溫以及防沙塵的功能。

歷 史 背 景

　　原住民族柏柏爾族的文化與阿拉伯文化相融合。西元7世紀左右，北非一帶被阿拉伯人征服之後，伊斯蘭教便開始滲透，就連服裝也開始阿拉伯化。到了11世紀，柏柏爾王朝復興，並在努力恢復柏柏爾民族服飾的同時，把伊斯蘭教定為國教，且徹底要求婦女以面紗遮蓋臉龐。隨後由於柏柏爾與阿拉伯國家的崛起，彼此的民族服飾相互融合，因而形成現在的樣式。1912年成為法國保護領地之後，甲拉巴長袍和開襟長袍卡夫坦成為伊斯蘭教備受重視的服裝。近年來許多人的穿著方式漸趨於休閒，例如以較短的甲拉巴搭配褲裝，或在甲拉巴內穿著西式服裝或牛仔褲等都有。

服 裝 特 徵

　　阿拉伯和柏柏爾的民族服飾在融合的過程中，女性用裹布主要分為4種。「茲爾」是覆蓋頭部和頸部的圍巾，常與阿拉伯長袍甘杜拉一起穿著，也可穿戴在包裹大布「哈伊克」下方。以下這3種，則是從頭覆蓋到腳的類型，「哈伊克」色彩豐富，可以根據自己的體型訂做；在馬拉喀什地區，人們會像披袈裟一樣讓裹布從肩膀斜著包裹，稱為「塔莫勒哈福特」，不過包裹方式會因地而異；「伊扎爾」是柏柏爾族的卷布，可以當作衣服來穿，也可以用來背孩子或攜帶行李。

歐洲風格和伊斯蘭風格融合而成、 獨特的馬格里布樣式

突尼西亞共和國
REPUBLIC OF TUNISIA

額飾
婚禮上使用的額飾
上有金幣裝飾。

披巾
具有保護身體
不受烈陽照射
的功能。

卷衣
以紅黑2色編織而
成。將布料纏繞後
在背面交叉,接著
再固定在兩邊的肩
頭上。

位於北非最北端，是一個南北狹長的國家。與歐洲的西西里島距離很近，和同樣位於北非的阿爾及利亞、摩洛哥一起被稱為「馬格里布」（Maghreb，意為「日落之地」）。不過地中海卻使這個國家深陷於漫長的保衛戰中，不斷抵禦來自歐洲各國和羅馬帝國的侵略。大部分的土地面臨地中海，是肥沃的平原，南部則是撒哈拉沙漠，居住著原住民族的柏柏爾族。

歷 史 背 景

西元前9世紀，腓尼基人在此建立了迦太基城。之後經歷了羅馬、拜占庭帝國、奧瑪亞王朝和鄂圖曼帝國等外國統治，因而逐漸阿拉伯化。19世紀成為了正在非洲大陸擴張領土的法國之保護國，最後在1956年終於以突尼西亞之名獨立。迦太基曾是一個依靠地中海貿易而繁榮的國家，其中因《羅馬浴場》而聞名的安東尼浴場已被列入世界遺產。在首都突尼斯一眼就可以看到該國的歷史，包括以獨立功臣同時也是首任總統布爾吉巴（Bourguiba）之名來命名的街道和清真寺。

服 裝 特 徵

柏柏爾族人的服裝基本組合是披巾、額飾、襯衫和卷衣。卷衣上的彩色緞線和亮片，將衣服裝飾得十分鮮豔亮麗。

埃及阿拉伯共和國

ARAB REPUBLIC OF ÉGYPT

頭巾

有些人會基於伊斯蘭教義佩戴覆蓋頭部、頸部和胸部的頭巾「卡麥爾」或只露出眼睛的面紗「尼卡布」。

加拉比亞

以棉或麻製成的寬鬆連身裙。

地理背景

位於北非東端，擁有連接地中海和紅海的蘇伊士運河。古代文明在尼羅河流域繁榮興盛，如今大部分人口仍居住在尼羅河流域及三角洲地區。除此以外的國土有95％是沙漠，夏季炎熱少雨、氣候乾燥，部分遊牧民族在此生活。首都開羅位於尼羅河上下游中心，以城市為界，南部氣候乾燥，日夜溫差大；北部則是地中海型氣候，溫暖多雨，適合居住。國民中有九成是遜尼派穆斯林，剩下的則是以科普特教派為主的基督徒。雖然在各個地區和文化的影響之下服飾特徵略有不同，不過男女都會穿著寬鬆的連身裙，也就是「加拉比亞」。

歷史背景

古埃及文明起源於約西元前3000年。之後，西元前4世紀開始了跨越地中海的羅馬時代，隨後在7世紀進入了阿拉伯入侵的伊斯蘭時代。直到18世紀法國軍隊進軍之前，埃及已經經歷了數個伊斯蘭王朝的統治。法國和英國為了利於貿易，試圖占領埃及以控制連接地中海的蘇伊士運河。1953年，埃及共和國成立，1971年更名為現在的埃及阿拉伯共和國。19世紀以來在國內推行現代化政策的影響之下，西服逐漸在城市區普及，傳統服飾因此逐漸消失，只有在一些鄉村和從事遊牧的人民之間才得以傳承。

服裝特徵

加拉比亞（Galabeya）是男女通用的民族服飾。依地區不同，胸部和下擺的設計也會有所差異。生活三角洲地區和尼羅河上游的人們會穿著「加拉比亞・比・蘇夫亞」，特點是肩袖和長度及踝的裙擺；尼羅河中游常見的是「加拉比亞・比・韋斯特」，這種款式在腰部有一道接縫。這2款加拉比亞都是用色彩鮮豔的棉布製成的。外出時，人們會穿著用黑色緞面或絲綢製成的「加拉比亞・薩姆拉」。

迦納共和國
REPUBLIC OF GHANA

項鍊

用金和串珠製成的
飾品。亦常配戴手
鍊或踝鏈。

肯特

搭配的顏色相當豐
富，有紅色、黃色、
綠色和金色。常見幾
何、條紋和動物等圖
案。最初是為男性設
計的，女性也像男性
一樣會用這種布料裹
身穿著，不過近年來
似乎較常見縫製成禮
服的穿著形式。

　　位於西非的幾內亞灣沿岸，北部屬於熱帶草原氣候。南部為熱帶雨林氣候，生產可可，是巧克力的原料。這個地區居住著阿坎族，使用的織布機只能織出約12公分寬的布料。雖然配有2個綜絖（控制經線排列的編織工具）和腳踏板，但因體積小巧，攜帶相當方便。織工通常會在自己的小屋陰涼處設置織布機工作。非洲的許多民族中，織布是屬於男性或少年的工作，而布料在文化中更是扮演著重要的角色。

歷史背景

　　七成國民是基督教徒。肯特亦為受到其他非洲地區認可為代表非洲的織物，因此也是教會牧師服飾的一部分。大約在8世紀，占據阿坎族南部大部分地區的阿散蒂族透過與中國的貿易，以本國產出的黃金和進口的鹽作為資本，換取了色彩繽紛的絲綢。阿散蒂族是個非常強大的民族，至今仍占據著中南部地區。19世紀時，迦納成為英國的殖民地，並全力進行黃金開採，故名英屬黃金海岸。在1957年獨立之後，以中世紀的迦納王國之名，命名為迦納共和國。

服裝特徵

　　肯特是居住在迦納的阿坎族中，占據南部的阿散蒂族和埃維族的傳統織物。居住在幾內亞灣沿岸地區的人會製作大約10公分寬的織物，然後再將其拼接成一大塊布料。肯特原本是棉質素材，不過在18世紀初開始會將貿易引入的絲綢解開，再進行混紡。過去使用金線編織而成的肯特，或者是某些設計，都只允許身分高貴的人穿著。近年來人們開始使用具有相同光澤的人造絲來替代，而且經常出現在祭典或儀式上。

奈及利亞聯邦共和國
FEDERAL REPUBLIC OF NIGERIA

頭巾
帽子，與衣服的布料相同。

阿迪雷服
「阿迪雷」一詞在約魯巴語中原指絞染技法，但隨著時代的演變，這個詞逐漸包括多種技法，如型染、手繪、縫紉絞染等，現在已經成為藍染布的統稱。

奈及利亞西南部約魯巴蘭（Yorubaland）的城市周圍，有著廣闊的農業地帶，種植著棉花等出口作物。和多數非洲國家一樣，這裡保留了用無縫布料裹身的服裝。而約魯巴蘭女性的穿著特徵，就是會搭配和卷布相同圖案的頭巾。約魯巴族擅長藍染，而且染色技術堪稱藝術品。當地氣候濕潤，適合種植棉花，也能從野生的藍草中萃取優質染料。藍染的布被稱為「阿迪雷（Adire）」，通常與大量生產的棉製品一起製作。染色時，人們會先在大陶罐中準備染料使其發酵。在等待發酵期間會先在布料上設計圖案，之後再進行染色。

歷 史 背 景

奈及利亞是一個人口超過1億的大國，大大小小的民族約有250個。一般認為約早在8世紀至10世紀之間，西南部的約魯巴蘭地區就已經由約魯巴族推動城市化。據說沿海城市中最早與歐洲人開始交易的，就是約魯巴族。原本的民族服飾布料是手工織成的，不過20世紀以後，使用進口的機械織布料反而變得普遍。

服 裝 特 徵

技法不同，藍染布的名稱也會有所改變。「阿迪雷・奧尼科」是將小石頭、豆子、植物種子等塞入布料的皺褶中，然後進行絞染；展現細緻幾何圖紋是「阿迪雷・阿拉貝雷」，因為圖案精緻，故又稱為「埃圖」（意為珠雞花紋）。染布時，想要顯示花紋的部分會先用縫紉機縫合（過去是用拉菲亞棕櫚的纖維來縫合），以防止染料滲透進而形成圖案。而約魯巴族最擅長的技法，是描繪具象花紋的「阿迪雷・埃雷科」。這是將從木薯根和玉米中提取的澱粉糊用鳥羽軸或葉柄蘸取，之後再以手工繪製圖案的技法。

衣索比亞聯邦民主共和國

FEDERAL DEMOCRATIC REPUBLIC OF ETHIOPIA

娜塔拉
輕薄的棉質披肩。

連身裙
以絲綢為布料，上面繡著傳統花紋。

地理背景

　　衣索比亞是非洲東北部的內陸國，大部分國土位於高地，氣候涼爽，是知名的咖啡豆產地，甚至還有類似日本茶道的咖啡待客禮儀。近年來由於乾旱導致農業生產下降，再加上來自厄利垂亞和索馬利亞的難民，以及南北蘇丹軍事衝突造成的大量難民不斷湧入，在在導致衣索比亞的經濟遭受到打擊。大部分的國民信奉衣索比亞正教（Ethiopian Orthodox）或伊斯蘭教。民族服飾中白色的棉布象徵著純潔與信仰，胸前的刺繡則代表科普特十字。

歷史背景

　　衣索比亞是一個歷史超過3,000年的國家，世界遺產「阿克蘇姆考古遺址」是從西元前到7世紀這段期間繁榮興盛的阿克蘇姆王國首都遺址。傳聞阿克蘇姆王國的第一代國王孟利尼克一世是示巴女王和猶太王國所羅門王之子。1137年建立的札格維王朝是一個繁盛將近百年的王朝。據說當時虔誠的基督教徒國王為了建造「非洲的耶路撒冷」，因在岩石中鑿出「拉利貝拉岩石教堂群」。17世紀衣索比亞帝國成立。除了1936年到1941年這5年間曾被義大利統治之外，衣索比亞始終保持獨立，從未被殖民化，這在非洲大陸的國家中相當罕見。

服裝特徵

　　適合涼爽和炎熱氣候的衣索比亞手織棉，最常用來製作民族服飾「阿貝沙·利布斯」。男性的服裝通常是細身的褲子加上較寬鬆的襯衫，外面再披件名為加比（Gabi）的厚棉披肩；女性則是穿著連身裙，並圍上娜塔拉（Netela，輕棉披肩）。加比、娜塔拉和連身裙上都會用絲線繡上傳統花紋的「提貝布（Tibeb）」。據說過去衣索比亞的織工會將進口的布料拆解，以便取得絲線。

肯亞共和國

REPUBLIC OF KENYA

肯加

用上一大塊布的多功能布料。穿著時有時只用一塊，有時上下各穿一塊。起源方面，有人說是縫合在一起的圍巾；也有人說是馬賽族傳統的方格布馬賽舒卡。

肯加

插圖使用了上下圖案不同的組合，不過市面上也可買到圖案相同、上下配套的肯加。

穿著肯加的地區，主要在包含肯亞以及坦尚尼亞在內的非洲大陸東海岸地區。與周邊國家相比，即使歐美國家進入後，當地的斯瓦希里（Swahili）文化依舊得以保存，故名斯瓦希里地區。與撒哈拉以南的非洲國家一樣，「布料」是貴重品，甚至可以當作貨幣來使用。據說14世紀左右，基爾瓦島（Kilwa）的原住民在被要求放棄島嶼時，就曾提出以能覆蓋整個島嶼周長的布料當作交換條件。

歷 史 背 景

19世紀以來，歐美國家為了貿易頻繁造訪此地。隨著貿易傳來的伊斯蘭文化逐漸在此紮根，因而形成斯瓦希里文化。象牙、動物皮革及奴隸被出口，進口布料入國。佩斯利（Paisley）圖案及四邊飾有圖案的布料形式，據說靈感是來自印度的木版印花和絞染布。「肯加（Kanga）」在斯瓦希里語中，意指「珠雞」。據說在開始進行貿易以前，它的花紋就和珠雞身上的細小圓點一樣。當都市區的女性開始穿著進口設計布料之後，肯加的樣式也開始演變，形成今日更為洗鍊的風格。

服 裝 特 徵

肯加大致有一個固定的形式。尺寸是160公分×110公尺。印花圖案由3個元素組成：四周邊框的「皮恩多」、中央圖案的「穆吉」，以及在斯瓦希里語中意指訊息的「吉納」。

民族服飾與花紋、圖案

民族服飾上的花紋與圖案，通常能展現各個國家和地區的文化特色。這些圖案繽紛多樣，有幾何圖形，也有模仿動植物的圖案。

花卉是常會用到的主題。世界各國的許多民族服飾都可以看到繡上當地花草裝飾的刺繡或印花圖案。- - - - - - - - - - -

在這當中，有些幾何圖案讓人無法想像它們的靈感來源，這是因為伊斯蘭文化中禁止偶像崇拜，所以無法使用花朵、鳥類或人物等具象花紋。

例如迦納阿坎族的民族服飾肯特就特別以幾何圖案為特徵，呈現出象徵和諧與愛的藍色、象徵豐收的綠色，以及象徵富裕的金色。- -

即使相同的形狀，只要地方不同，接受方式和意義也會有所改變。以菱形為例。越南的紅傣（Tai Daeng）人相信菱形可以防止惡靈入侵身體，因此披肩上會繪製許多菱形圖案；而在巴基斯坦，線條圓潤的菱形圖案則被視為是太陽的象徵。

日本傳統圖案也蘊含著各種含義，如五穀豐饒、開運福德、子女成長、家人健康、學業有成、闔家平安、子孫繁榮、藝能精進等。而「吉祥圖案」，也就是「喜慶圖案」的代表是松竹梅鶴龜。這些圖案經常與其他各種圖案組合，反映出人們的想法和創意。- - - - - - - - - - - - - - - - - -

美洲

篇

美利堅合眾國

UNITED STATES OF AMERICA

阿蒂吉

用海豹及馴鹿毛皮製成的裏衣。上半身會設計得比較大，以便攜帶寶寶。

阿馬烏提

帶毛皮或羽毛帽子的馴鹿皮大衣。附有大風帽／袋子以便將寶寶包裹在裡面。裡面鋪了一層馴鹿皮，寶寶若是將其弄髒，可以方便替換。

連指手套

用海豹毛皮製成的手套。會用串珠裝飾，享受打扮的樂趣。

靴子

用海豹或馴鹿皮製成的長靴。會用毛皮片製作並飾有幾何圖案的繩帶纏繞。

褲子

用防水效果極佳的海豹皮製成的褲子。穿的時候褲腳會塞進靴子裡。

地理背景

　　因紐特人（Inuit）居住的地區並非只有阿拉斯加州，而是從北極海沿岸經西伯利亞的東北部，穿過阿拉斯加和加拿大之後一直到格陵蘭，也就是沿著太平洋北部，形成一個長達約9,650公里的帶狀分布。雖然地理距離遙遠，語言也有所不同，但是這些居住在不同地區的因紐特人在語言上仍可溝通，而且擁有共同的泛靈信仰。他們主要靠狩獵以及在沿海捕魚維持生計，同時也會捕獲海豹和海象等動物。

歷史背景

　　因紐特人自舊石器時代以來就居住在北極圈。據推測，他們與西伯利亞東北部的人應該曾經有過交流。「因紐特（Inuit）」這個詞在他們的語言中意指「人們」。據說住在阿拉斯加附近的因紐特人約在西元前2500年左右，因為美洲原住民勢力的擴張而被迫北移至現今的生活區域。串珠、流蘇及彩色刺繡是藉由交易而來，之後成為服裝上的裝飾。

服裝特徵

　　因紐特人的傳統服裝主要由海豹皮和馴鹿皮製成。襯衫、阿馬烏提（Amauti）、褲子、手套與靴子堪稱最強的禦寒裝備。有時他們還會在靴子裡塞入乾草或苔蘚來吸收濕氣。靴底會釘上經過加工的骨頭或象牙製成的釘子，以便在積雪的冰面上行走；另一方面，夏季時他們會穿著相同材質製成的拖鞋來代替靴子。製作衣物時，貼身衣物會將毛皮朝內以接觸肌膚，外衣的話則是將毛皮朝外，以達到防水效果。這些與毛皮有關的工作通常由女性負責，除了加工毛皮，縫製衣服，還要晾乾濕掉的鞋子，並將用過的皮革晾乾，使其保持柔軟平整。

美利堅合眾國

United States of America

帶羽毛的髮帶

生活在平原地區之原住民所佩戴的一種戰帽，通常會用被視為聖鳥的鷹羽製成。它不僅僅是一種裝飾品，羽毛還象徵著佩戴者的功績，原本只有男性才會戴。

斗蓬

會將布料邊緣剪成細膩的流蘇。袖子部分呈現出宛如蝴蝶展翅般的形狀。

皮裙

使用鹿皮揉製而成的連身裙，材質柔軟且有彈性。多餘的下擺會和斗篷一樣做成流蘇。

莫卡辛鞋

用鹿皮揉製而成的鞋子。古代的原型是用一整塊鹿等皮料包裹雙腳而成，並用串珠及刺繡加以裝飾。

　　北美洲曾經居住著一群被稱為古印第安人的狩獵民族。據說他們原本居住在亞洲大陸，大約從西元前1萬年開始以狩獵長毛象和野牛為生。根據最普遍的說法，於威斯康辛冰河時期的期間白令海峽形成了陸地，讓這群古印第安人有機會遷移至美洲大陸。他們脫下了在亞洲大陸生活時期穿的棉質衣物，開始披戴用水牛等大型動物製成的毛皮。據說他們逐漸擴大勢力並向南方移動，最後遍布整個北美大陸。

歷 史 背 景

　　自西元前8000年的冰河時期以來，古印第安人一直生活在北美洲。但到了17世紀，歐洲國家相繼在此進行殖民，開啟了美洲殖民時代。當南部維吉尼亞被英國占領時，荷蘭和法國也開始湧入，並在農場進行勞動及不公平的貿易活動。經由與歐洲的貿易而傳來的緞帶、串珠和鈕扣等裝飾品不僅開始用於裝飾。牧羊業的開始更是讓服裝裝飾的範圍更加廣泛。

服 裝 特 徵

　　羽飾、項鍊、斗篷、用腰帶束住的連身裙、莫卡辛鞋（Moccasins）是基本的服裝元素。這套以鞣制皮革為主的民族服飾經使用2種裝飾技術，那就是毛飾（Quillwork）和珠飾工藝。毛飾工藝是將豪豬的棘毛染色、軟化壓平之後，再用平整的表面來呈現圖案。珠飾刺繡始於18世紀，是當時透過交易，用毛皮與歐洲換取串珠為開端。之後珠飾工藝在服裝及馬具上得以發展，各個部落也開始創作出獨特的圖案。各個部族共同的主題之一是「醫療輪」（Medicine Wheel，或稱藥輪。一個圓形中有十字的符號）。這是薩滿信仰的主題，代表人生中的4個階段、東南西北、元素及四季。

古巴共和國

REPUBLIC OF CUBA

頭巾

布料與花裙相同的大型頭巾。會覆蓋整個頭部，最後在額頭前華麗地打結收尾。

花裙

肩部和裙擺上裝飾著豐富荷葉邊的連身裙，以露出肩膀及頸部的無肩帶款式居多。

地理背景

西印度群島最大的島國，也是中南美唯一的社會主義國家。保留著種植園的遺跡，主要產業是甘蔗和菸草。這裡有美國文學家海明威喜愛的古巴蘭姆酒，而英國政治家邱吉爾則鍾情於哈瓦那雪茄。長達3,735公里的海岸線被珊瑚礁和紅樹林所環繞，沿岸有白色沙灘、複雜的海灣和港口城市。其所擁有的自然之美被稱為「加勒比海的珍珠」，據說連航海家哥倫布也讚美這裡是「人類所見最美的地方」。古巴不僅有海洋環繞，還有信風（貿易風）吹拂，全年氣候溫暖，故又稱為常夏之島。

歷史背景

古巴原本有原住民居住，但自從西班牙伊莎貝拉女王派遣的哥倫布到達之後，就變成西班牙的領土。在種有甘蔗和菸草的種植園裡，被稱為印第安人的原住民在嚴酷的勞動條件下人口減少，於是西班牙從非洲大陸帶來了黑人奴隸。19世紀末獨立運動變得活躍，在1902年終於獨立，但就事實而言，古巴仍受到美國的控制。1959年，古巴在卡斯楚領導的革命之下成為社會主義國家。美蘇冷戰期間爆發古巴危機，讓剛結束戰爭的國際局勢再度緊張起來。來自美國的經濟封鎖持續到2015年，最後在美國總統歐巴馬的政策轉變之下，兩國才恢復了邦交。

服裝特徵

男性典型的服裝是瓜亞貝拉襯衫（Guayabera）。大多是用白色絲線織成的衣物，穿著時大多會敞開衣領。有半袖和長袖2種形式，穿的時候下擺通常會露在褲子外面。在傳統上喜愛派對和慶祝活動的古巴，全年都會舉辦各種慶典，包括私人派對、婚禮和初領聖體禮。女性會穿著倫巴裙或繩帶裙。

墨西哥合眾國
UNITED MEXICAN STATES

惠皮爾
無袖長版上衣。將一塊布折疊、縫製，並開出袖口和領子的衣物總稱。某些民族採用連身裙的款式，但都統稱為惠皮爾。

惠皮爾·格蘭德
以白色蕾絲為材質，通常會在祭典或是派對上配戴。字面意思是華麗的惠皮爾。

裙子
與惠皮爾一起使用天鵝絨製成的百褶裙。花卉和植物在哥倫布時代以前，就已經是人人喜愛的刺繡主題。

荷葉邊
縫在裙擺上的荷葉邊。布料材質為棉布或是蕾絲，大小約5至6公尺。每次穿的時候，都會清洗、上漿並燙出摺痕。小圓點和花卉圖案通常會重複出現。

地理背景

北部是乾燥的墨西哥高原，南部以尤卡坦半島為中心，是塊濕潤的低地。只要在瓦哈卡舉行的「格拉格札節（Guelaguetza Festival）」一到，各個地區的人就穿著色彩繽紛的民族服飾，表演獨特的舞蹈。這個地方的人自古代文明時期以來，便利用土地上的資源作為染料，加以上色和染色。知名的染料有「貝紫」（明亮的紫色，從貝類提取）以及「胭脂蟲」（紅色，寄生在仙人掌上的小蟲）。此外，由於當地出產明礬和硫酸鐵等用於固色的材料，因此製成的染料顏色格外鮮豔。在整個中美洲的考古學研究中，甚至有人認為墨西哥人花在製作布料上的時間，比在生產糧食上的時間還要多。

歷史背景

古代馬雅文明曾經繁榮興盛，但到了16世紀初，卻被西班牙統治了300年。墨西哥的歷史只要追溯民族服飾的圖案，就能充分了解當時的情況。在被西班牙征服以前，幾何圖案以及兔子、猴子、鴨子、鵜鶘等墨西哥本土的動物圖案是常見的主題。而在西班牙征服期間，狗和蝴蝶的圖案開始增加（前者讓人聯想到死亡或陰間；後者代表已故士兵的靈魂）。被西班牙征服之後，馬和驢子（為西班牙人引入的家畜）等圖案開始頻繁出現，記錄了當時人們的心情和當時的最新事態。

服裝特徵

基本組合包括惠皮爾‧格蘭德（Huipil grande）、惠皮爾（Huipil）、裙子和荷葉邊。被西班牙征服之前，人們會在惠皮爾上加件斗蓬，叫做「墨西哥披肩（Quechquemitl）」。隨著西班牙開始征服之後，開始流行惠皮爾搭配裙子及皮帶的穿著方式。而在當時的富裕家庭中，還可以看到來自歐洲的襯裙，或是在領子上有刺繡的西班牙襯衫。這基本的組合在20世紀以後開始普及，不過現在仍有一些地區保留著濃厚的民族服飾風格。

秘魯共和國

REPUBLIC OF PERU

蒙特拉帽
有邊緣的帽子。

披肩
用大塊布料做成的
披肩,並用別針固
定在胸前。

短上衣
短上衣在西班牙語
中 為Chaqueta,
克丘亞語中則稱為
Jubona。這種上
衣是以羊毛起毛加
工的手織布料,上
面有鮮豔的刺繡。
帶狀裝飾也具備了
加強服裝的功能。

繡邊裙
西班牙語和克丘亞語都稱為
Pollera。是用羊毛手織布
料製成的百褶裙。

地理背景

秘魯地形多樣，中央有寒冷且降雨量少的安地斯山脈貫穿，靠海的西邊是沙漠地帶、東邊則有亞馬遜河流域的熱帶雨林。據說亞馬遜流域雖然人口不多，卻有約40個部落居住。住在安地斯山脈高地的克丘亞人（Quechua）是印加帝國的後裔，以飼養駱馬和羊駝為生。女孩從小會透過遊戲學習紡線，慢慢掌握織布的技巧。此外，從事農作之女性所穿的裙子裙擺展開的幅度比較大，腳部活動非常方便，相當適合山區環境。裙子內側的布料層層疊疊，據說是為了要能夠抵擋高地的烈陽和寒冷的雨水。

歷史背景

在16世紀被西班牙殖民統治之前，安地斯文明的印加帝國十分繁盛。現在秘魯的官方語言是西班牙語，第二官方語言則曾為印加帝國語言的克丘亞語。在西班牙統治時期，身穿長卷裙的克丘亞族女性走路時因會露出腳，這看在當時以緊身胸衣和長裙為主流的西班牙人眼中，被視為是不得體的服裝。因此，印加風格的服裝被排除，取而代之的是覆蓋到腳踝的卷布和裙子，並且日益普及。之後因深受西班牙女性農民服飾的影響，秘魯的傳統服飾逐漸演變成短上衣搭配蓬鬆的裙子和及腰的斗蓬。

服裝特徵

據說帽子是受到西班牙人的影響才開始流行，但究竟是出於防曬遮雨，還是為了裝飾就不得而知了。扁平的帽子稱為墨西哥寬邊帽，圓錐形的針織帽稱為丘約帽。依地區不同，帽子的顏色和材質上也會有所不同，因此只要到市場等人群聚集的地方，就可以輕易辨認出人們來自哪個村莊。有些秘魯人認為脫帽會生病，因此在外不會輕易脫帽。

民族服飾與刺繡

　　刺繡的起源地是亞洲。若以此為中心，分為東西相對的方向，便可看出東方主要發展為鑑賞用途，而西方則朝著實用方面進行。

　　目前已知最古老的刺繡，是在早期青銅器時代的斯堪地那維亞採用花網刺繡來裝飾邊緣的長袍，以及在西伯利亞阿爾泰山脈所發現的貼布刺繡（阿爾泰刺繡）。

　　本書介紹的民族服飾若有刺繡，大多來自歐洲，原因就在於此。不過日本也有自己獨特的刺繡，根源據說是經由中國從印度傳入的「繡佛」。「繡佛」是指以刺繡的方式來表現佛像的藝術作品，在當時是隨著佛教傳入而開始大量創作。

　　在民族服飾中，形態、傳統圖案（花紋）、色彩和刺繡技法都體現了該國或地區的文化本身。而固有的文化，也會以圖案的方式織入其中。

参考文献

◆ わくわく発見！世界の民族衣装
竹永絵里【絵】，河出書房新社

◆ 衣装ビジュアル資料　ヨーロッパの民族衣装―衣装ビジュアル資料
芳賀日向【著】，グラフィック社

◆ 衣装ビジュアル資料　アジア・中近東・アフリカの民族衣装―衣装ビジュアル資料〈2〉
芳賀日向【著】，グラフィック社

◆ 世界の民族衣装図鑑―約500点の写真で見る衣服の歴史と文化
文化学園服飾博物館【編著】，ラトルズ

◆ 世界の民族衣装文化図鑑
アナワルト、パトリア・リーフ【著】，蔵持不三也【監譯】，柊風舎

◆ 世界の民族衣装の事典
丹野郁【監修】，東京堂出版

◆ 世界の民俗衣装―装い方の知恵をさぐる
田中千代【著】，平凡社

◆ 世界の衣装をたずねて
市田ひろみ【著】，じゅらく染織資料館

◆ 都会で着こなす世界の民族衣装
主婦の友社【編】，主婦の友社

◆ 世界のかわいい民族衣装 織り、染め、刺繍、レースなど
手仕事が生みだす世界の色と形
上羽陽子【監修】，誠文堂新光社

◆ ノリゲ―伝統韓服の風雅（梨花女子大学コリア文化叢書2）
上李京子【著】，金明順【翻譯】，東方出版

◆ 写真でたどる 美しいドレス図鑑
リディブ・エドワーズ【著】，徳井淑子【監修・翻譯】，小山直子【翻譯】，河出書房新社

◆バリ島　服飾文化図鑑
　　武居郁子【著】，亥辰舎

◆インドネシアの民族服飾とその背景について
　　田中美智【著】

◆不思議の国ベラルーシ　ナショナリズムから遠く離れて
　　服部倫卓【著】，岩波書店

◆ベラルーシの歴史と文化
　　辰巳雅子【著】

◆ノルウェーの民族衣装ブーナッドに関する研究―ホルダラン県のブーナッド―
　　桜井映乙子、矢部洋子【著】

◆世界のかわいい刺繍
　　誠文堂新光社【編輯】，誠文堂新光社

◆アンダルシアゆめうつつ
　　野村眞里子【編輯】，白水社

國家圖書館出版品預行編目 (CIP) 資料

怦然心動的世界民族服飾圖典/双森文插畫；產業編輯中心編著；何姵儀譯. -- 初版. -- 臺北市：臺灣東販股份有限公司, 2025.02
120面 ;14.8×21公分
ISBN 978-626-379-743-7（平裝）

1.CST: 服飾習俗 2.CST: 民族文化 3.CST: 插畫

538.1   113019705

KOKOROTOKIMEKU SEKAI NO MINZOKUISHOU
© FUMI FUTAMORI 2023
Originally published in Japan in 2023 by Sangyo Henshu Center Co.,Ltd., TOKYO.
Traditional Chinese translation rights arranged with Sangyo Henshu Center Co.,Ltd., TOKYO,
through TOHAN CORPORATION, TOKYO.

日文版 STAFF

支援　　文化學園服飾博物館
設計　　鳴田小夜子（KOGUMA OFFICE）
DTP　　NOHON 股份有限公司
編輯　　松本貴子（產業編輯中心）

怦然心動的世界民族服飾圖典

2025 年 2 月 1 日初版第一刷發行

插　　畫　双森文
編　　著　產業編輯中心
譯　　者　何姵儀
編　　輯　吳欣怡
美術編輯　黃瀞瑢
發 行 人　若森稔雄
發 行 所　台灣東販股份有限公司
　　　　　＜地址＞台北市南京東路 4 段 130 號 2F-1
　　　　　＜電話＞（02）2577-8878
　　　　　＜傳真＞（02）2577-8896
　　　　　＜網址＞https://www.tohan.com.tw
郵撥帳號　1405049-4
法律顧問　蕭雄淋律師
總 經 銷　聯合發行股份有限公司
　　　　　＜電話＞（02）2917-8022